산토리니,
주인공은 너야

Prologue

터키, 그리스, 동유럽, 포르투갈, 스페인, 모로코로 이어졌던 6개월의
여행 중 터키와 그리스에서 보낸 두 달간의 기록이다.

떠나기 얼마 전, 일상에 크고 작은 변화들이 찾아왔다. 회사 사정이
어려워지면서 퇴사를 하게 된 것이다. 그리고 오래 사귄 남자친구가
내가 사는 집으로 거처를 옮겨왔다. 그저 일이 그렇게 흘러갔을 뿐
아직까진 어떤 것도 개인적으로는 큰 불행도 다행도 아니었다.

그때, 4년 전 이탈리아에서 그리스로 넘어가는 배 위에서 만났던
그리스 친구의 연락을 받았다. 작은 휴양지에서 일을 하고,
비수기에는 바이크 여행을 다니는 '살아있는 조르바' 같은 친구였다.

"한국에서의 생활은 어때?"
"아무래도 당분간 휴식이 필요할 것 같아. 너무 지쳐가고 있어."
"그럼 이 아름다운 섬에 와서 쉬었다 가. 이곳의 삶은 느긋해.
잠시나마 바람처럼 자유로움을 느낄 수 있을 거야."

페이스북에는 바닷가에 앉아 있는 친구의 사진 한 장이 올라와 있었다.
빌딩 숲 사이에서 생기를 잃은 내 얼굴과는 달리, 햇볕에 그을린 그의 얼굴은
구릿빛으로 건강하게 빛나고 있었다. 지중해의 부서지는 햇살과 자유로운
바람이 내게도 전해졌다. 나도 당장 그 파란 바닷물에 발을 담그고 싶어졌다.

가만히 생각했다. 많은 것들이 다시 보이기 시작했다.
나에겐 갑자기 시간이 아주 많이 생겼으며, 여행 전 방을 빼야 할 일도,
비어있는 집의 월세 걱정도 사라진 것이다. 떠나지 않을 이유가 없었다.
아니, 이보다 더 여행하기 좋은 조건은 없을 것이다. 그렇게 엎어친 김에
쉬어가듯, 물 들어온 김에 노 젓듯 나의 여행이 시작되었다.

그렇다고 문제가 없는 것은 아니었다. 2년 전 사고처럼 찾아와 10분 이상
걷지 못하게 만들었던 엉덩이 통증. 이제는 어느 정도 이력이 붙었다고
생각이 들었지만 과연 배낭의 무게를 버텨낼 수 있을까.

또다시 가만히 생각했다. 덕분에 아무것도 싸 가지도, 사 오지도 않기로 하고,
가벼운 발걸음을 떼기로 했다. 6개월 여행을 위한 짐은 3킬로그램 내외로
꾸려졌다. 수영복과 속옷, 양말과 옷 두벌, 카메라와 아이폰, 그리고 충전기,
샤워 겸용 샴푸 하나, 크림 하나, 노트 한 권이 전부였다. 아, 그리고
손톱깎이와 반짇고리도 빼먹지 않았다. 작은 배낭 안에 꼭 필요한 짐만
챙겨 넣고 나니 새삼 내가 얼마나 많은 물건 속에 파묻혀 있었는지
돌아보게 되었다.

친구의 집은 산토리니로 가는 길목에 있는 코스 섬이었다.
지도를 살펴보니 그리스 본토보다 터키 땅에 더 가까웠다.
그렇게 첫 여행지는 이스탄불이 되었다.

떠나기 전 그곳에 있는 내 모습을 그려본다.
나의 롱 허리와 굽은 어깨를 바로 하고 여유 있게 걸어야지.
강렬한 태양 앞에 얼굴을 가리지 말아야지.
소금기 가득한 바닷물에 몸을 띄워야지.
마음껏 취하고 미친 듯 춤춰야지. 바보같이 웃어야지.
다가오는 모든 인연에 마음을 활짝 열어야지.

순간, 같은 반 전학 온 아이들을 부러워하던 유년의 기억이 떠올랐다.
누군가 새로 온 날이면 집으로 돌아와 거울을 보고 마치 내가 전학을 와서
처음 교실에 들어선 아이가 된 것처럼 자기소개하는 모습을 상상해보곤 했다.
알아보는 이 없는 낯선 공간에 도착하면 지금과는 다른 모습으로
얼마든지 변신할 수 있을 것만 같았던 유년의 환상은 지금 내가
여행을 하는 이유와 어딘지 닮아 있었다.

내가 그려왔던 모습은 대부분 현실이 되었다.
운이 좋게 그리스뿐 아니라 터키에서도 친구네 집에서 지낼 수 있었다.
그들의 일상에 초대되어 넘치는 사랑과 환대를 받았다. 터키 가족은
나를 알라 신이 보낸 선물처럼 맞이했고, 그리스 친구는 제우스가 변장한
천사쯤 되는 것처럼 환대했다. 일을 해야 하는 친구들 대신 터키에서는
친구의 어머니와 그리고 그리스에서는 친구의 딸과 대부분 시간을 함께 했다.
그들의 일상과 속사정을 알아가는 만큼 여행의 깊이도 한 뼘 더해졌다.
신화보다 전설보다 오래된 땅의 신비가 오늘을 살아가는 사람들의
이야기 속에 모습을 드러냈다.

독서는 머리로 하는 여행이요, 여행은 몸으로 하는 독서라고 말한다.
배낭을 등에 짊어지고, 탈것에 실려 낯선 곳에 도착하고, 느린 걸음으로
골목골목을 걷고, 지구 저편 사람들의 이야기에 귀를 기울이지 않았다면
나는 오늘 터키와 그리스라는 책을 이만큼 읽어내지는 못했을 것이다.
몸으로 읽어낸 나의 터키, 그리스 이야기가, 이 책을 든 누군가에게는
'마음으로 떠나는 여행길'이 될 수 있기를 바라본다.

남상화 드림

contents

Chapter 1 이스탄불 속으로

추억이 나를 데려다주리	016
성스러운 지혜	026
새로운 배낭을 찾아서	034
"조심해! 한번 빠져들면 벗어날 수 없어"	044
집시, 난민, 그리고 여행자들	052
"미래의 박물관은 당신 집 거실이 될 거예요"	060
옥상 달빛 아래서	068

Chapter 2 터키 가족을 만나다

안녕, 무더운 날의 샤프란볼루	082
가족으로의 초대	092
다음 생엔 달팽이로 태어날지 몰라	098
영혼이 살찌는 소리	102
자연을 지키는 사람들의 대행진	108
안네의 커피	118

Chapter 3 터키 더 깊숙이

정복당한 카파도키아	130
빙글빙글 신을 만나러 가는 길	140
파묵칼레에서 떠난 시간 여행	148
터키 지중해에서 보낸 한철	154
카야쾨이의 토템	160
올림포스, 매직 포레스트	168
머리 염색하는 날	178

Chapter 4 그리스 친구네 집으로

4년만의 재회	186
니코스의 기쁨, 그녀!	194
코스에서 여름을 대하는 우리들의 자세	200
음악회에서 만난 조르바 댄스	208
고대 유적과 '보물'을 품은 산간 마을	216
토론의 달인, 그리스 친구들!	226

Chapter 5 오! 산토리니

가난한 배낭여행자여도 괜찮겠니?	240
"주인공은 바로 당신이에요"	248
바람이 내게 속삭였어!	256

Chapter 6 그리스 더 깊숙이

첫날부터 노숙하게 된 사연	270
누드 비치에서 만난 인어공주	280
후식으로 나오는 술 한 병!	292
잘 노는 게 여행자의 일이야	300

Chapter 1
이스탄불 속으로

'이스탄불로 가는 가장 이상적인 방법은 이 도시 탄생 이후 26세기 동안,
그러니까 이 도시가 비잔티움으로, 그 다음에는 콘스탄티노플로 불리는 동안
대부분의 여행자들이 그랬던 것처럼 바다로부터 들어가는 것이다.'

존 프릴리, 〈이스탄불〉 中

거리는 온통 레인보우 물결이다. 이슬람 문화권에서 이렇게 자유로운 분위기 속에 LGBT(성적 소수자) 페스티벌이 열리고 있다는 사실이 놀랍다.

추억이 나를 데려다주리

터키에 가보기도 전에 터키에서 건너온 물건 두 개와 먼저 인연을 맺었다. 이스탄불이라고 새겨져 있는 이슬람 문양의 천지갑과 파란색 바탕으로 된 유리에 눈 모양이 그려져 있는 나자르 본주^{Nazar Boncugu}가 그것이다.

10년 전 이스탄불 여행을 하고 온 사촌동생이 그랜드 바자르^{Grand Bazaar}에서 샀다며 천지갑을 선물로 건넸다. 지갑 가득 수놓아진 이슬람 문양에서 이국적인 신비로움이 느껴졌다. 무거운 것을 강박적으로 싫어하는 나는 이 지갑을 가죽지갑 대신 천이 다 해지도록 들고 다녔다. 그렇게 손때 묻고 추억을 덧댄 이스탄불 지갑과 작별하면서 그랜드 바자르를 반드시 가 봐야 할 시장 목록에 올려놓았다.

악마의 눈이라고 불리는 나자르 본주는 좀 더 특별한 사연이 있다. 터키 사람들은 파란 악마의 눈이 액운을 막아주는 강력한 힘이 있다고 믿어 나자르 본주를 문 앞에 걸어두거나 몸에 하나씩 지니고 다닌다고 한다. 한국에서 알게 된 터키 친구가 어느 날 내게 나자르 본주 팔찌를 내밀며 말했다.

"자, 이거 선물이야. 몸에 지니고 다녀. 좋은 건 아니지만 나한테 마지막으로 남은 나자르 본주야. 너를 처음 봤을 때부터 예쁘다고 생각했는데, 우리 터키에서는 예쁘다고 말하면 그 사람이 질투의 시선을 받아 아프게 된다고 생각해. 그래서 너에게 예쁘다고 말할 수가 없었어. 그런데 이제부터는 너를 지켜줄 나자르 본주가 있으니까 마음껏 말할 수 있겠다. 너 오늘 정말 예뻐!"

그 친구의 나라에 간다고 생각하니 뭔가 마음이 멜랑콜리해졌다. 내가 가보고 싶은 나라를 그는 왜 떠나왔을까 생각하니 왠지 슬픈, 추억의 잿빛 도시로 향하는 기분이었다. 아마도 떠나기 전 오르한 파묵의 책 몇 권을 읽었던 탓일 것이다.

열 시간 넘는 장거리 비행은 수차례 해 봤어도 도무지 이력이 나지 않는다. 기내 숙면은 일찌감치 포기했다. 창밖에서 놀고 있는 구름떼와 빛의 움직임을 즐기는 수밖에. 양탄자처럼 깔린 구름 사이로 무지개가 보이더니 잠시 후 구름 자체가 오색빛으로 변했다. 구름의 모습도 다양하다. 낮잠 자는 아이같이 평온해 보이는 것이 있는가 하면, 어디론가 바삐 날아가는 새떼를 닮은 모양도 있고, 성난 아저씨처럼 몸체를 잔뜩 부풀린 구름도 있다. 하늘색 도화지 위에 동화 같은 이야기가 끝없이 펼쳐진다. 그러나 상상력이 부족한 탓에 하늘 구경도 오래 가지 못하고 결국 연달아 영화 세편을 본다. 마지막 영화가 끝나기 전 비행기는 이스탄불 아타튀르크국제공항에 도착했다.

쓸데없는 긴장, 엇갈린 시차, 수면 부족, 등 뒤의 배낭이 가뜩이나 처음 도착한 공간 속에서 나를 더욱 어리바리하게 만든다. 가장 먼저 필요한 것은 현금 인출. 공항 수수료가 비싼 것 같아 소액만 인출하고 나머지는 시내에서 뽑으려 했는데 덜 깬 정신에 0을 하나 더 눌러 현금이 드르륵 쏟아져 나온다. 일회용 티켓을 끊고 메트로를 탄 뒤 트램으로 갈아타기 위해 제이틴부르누Zeytinburnu역에서 내렸다. 구시가지 술탄아흐메트Sultanahmet로 가는 트램 방향을 찾는 것도 쉽지가 않아 아무나 붙잡고 방향을 묻는다. 퇴근길로 보이는 히잡에 세련된 가방을 들고 있는 초록 눈의 여자가 친절히 방향을 알려주며 "굿 럭!" 인사를 한다.

술탄아흐메트역에 내려 예약 컨펌 메일에 나온 안내에 따라 영혼 없는 로봇처럼 숙소를 향해 걷는다. '트램 가는 길을 따라 걷다 공원이 나오면 블루 모스크$^{Blue\ Mosque}$를 오른쪽으로 두고 사선 방향으로 벤치를 지나라. 이후 마비 블루 호텔에서 우회전, 이어서 좌회전, 카펫 가게 거리를 지나 나오는 첫 번째 갈림길에서 좌회전, 이후 우회전, 또 다시 우회전을 하면 호스텔 전경이 보일 것이다.' 그저 우, 좌, 좌, 우, 우 주문처럼 중얼거리며 걷다보니 어느새 호스텔 앞에 도착해 있었다. 체크인을 마치자 호스텔 스텝은 지도 한 장을 꺼내 들고 주요 관광지 동선을 설명해 주려 한다.

"미안해요. 제가 지금 제정신이 아니거든요. 지금 들어도 하나도 기억하지 못할 것 같아요. 아침에 제가 물어볼 테니 그때 다시 설명해 줄 수 있을까요?"

양해를 구하고 방으로 들어왔다. 샤워를 하고 혼성 도미토리에서 눈을 부친다. 잠이 올 리 없지만 허리를 바닥에 대는 것만으로 위안을 삼는다. 낯선 사람들과 함께 누워 있자니 이제야 멀리 떠나왔다는 사실이 실감 난다.

다음날 지도 한 장 받아들고 길을 나섰다. 5분도 채 걷지 않았는데 어느새 내 몸은 블루 모스크와 아야소피아Ayasofya를 사이에 두고 서 있다. 고대 그리스의 도시국가 비잔티움이었다가 천년의 세월이 흐른 뒤 로마 제국의 수도가 되면서 콘스탄티노플로 이름을 바꾸고, 또 다른 천년이 지난 뒤 오스만 제국에 정복당하면서 이스탄불이 된 역사의 현장에 와 있는 것이다. 단지 비행기에 몸을 싣고 트램에서 내려 우좌우 몇 회전을 했을 뿐인데 이 전설 같은 역사의 현장 앞에 앉아 있게 되다니, 왜 진작 오지 못했을까 기다려왔던 시간이 억울할 정도다.

자, 이제부터 시작이다. 블루 모스크와 아야소피아 어디를 먼저 갈까? 블루 모스크를 선택했다. 이곳은 터키니까. 이슬람 세계를 먼저 만나고 싶었다.

블루 모스크는 오스만 제국의 제14대 술탄 아흐메트 1세가 1609년에 짓기 시작해 1616년에 완공된 터키의 대표 모스크로 정식 명칭은 술탄 아흐메트 1세 모스크다. 관광객의 긴 행렬을 따라 모스크 안으로 들어왔다. 돔을 받치고 있는 커다란 대리석 기둥 아래 조용히 자리를 잡고 앉아 벽과 천장을 올려다본다. 파란색, 붉은색, 검은색, 초록색의 다양한 타일로 장식되어 있는데, 스테인드글라스를 통해 들어오는 빛과 더해져 모스크 내부는 전체적으로 푸른빛이 감돈다. 블루 모스크라 불리는 이유이다. 백합, 튤립, 장미, 카네이

션, 사이프러스 장식이 이리저리 방향을 바꾸며 아라베스크 문양이 이어지는데 패턴이 꽤 리드미컬해 우아한 발레 동작을 보는 것 같다. 우상을 섬기지 말라는 코란의 교리에 따라 신의 형상을 만들지 않는 대신 기하학적 무늬와 식물, 문자의 조합으로 탄생시킨 이슬람 실내 장식 양식이다. 평소 잔 꽃무늬 패턴을 좋아하는데 마침 입고 있던 치마를 보니 영락없는 아라베스크 문양이다.

이슬람 교인이 아닌 이상 대부분 관광객들은 예배당 뒤편 제한된 구역에 모여 있다. 이들을 들여다보는 것도 모스크 내부 양식을 올려다보는 것만큼이나 진풍경이다. 모스크에 들어오기 위해 모두 신발을 벗고, 여자들은 스카프를 둘러야 한다. 여자 관광객들은 이스탄불에서 샀을 법한 스카프와 긴 치마로 치장한 자신의 모습을 연신 카메라에 담기 바쁘다. 민소매, 반바지 차림의 관광객들은 입구에서 나눠준 푸른색 계열의 스카프와 치마를 두르고 있다. 남자도 예외는 아니다. 국적, 피부색, 종교와 상관없이 자발적으로 이 룰을 따른다. 마치 작은 이슬람 왕국 같다. 푸른 치마를 두른 관광객들도 하나의 장식예술처럼 느껴질 정도다.

이런 생각에 한껏 부풀어 블루 모스크의 아름다움에 취할 준비가 된 순간, 안되겠다! 이제 그만 일어나야겠다. 세계 각지에서 몰려든 발가락들이 내뿜는 냄새의 향연에 질식되기 전에.

블루 모스크와 아야소피아는 지척이지만 하루에 두 곳을 방문하는 것은 예의가 아닌 것 같아 조금 더 걷기로 했다. 카메라도 들지 않고 아이폰과 지갑 하나 들고 발길 닿는 대로 움직였는데 이번에도 너무 쉽게 그랜드 바자르에 닿았다.

골목을 따라 모퉁이를 돌 때마다 카펫, 베드커버, 금은세공 액세서리, 향신료, 도자기, 조명 장식 같은 온갖 물건들이 쏟아져 나온다. 장신구 구경을 하러 가게 안으로 들어가자 가게주인은 터키 사람들이 즐겨 마시는 홍차, 차이^{Chai} 한잔을 권한다. 갖고 싶은 물건 투성이지만 '무소유'라는 여행 콘셉트에 맞게 아무것도 사지 않겠다고 마음먹고 나니 공짜로 얻어 마시는 차이 잔 하나까지 예술작품으로 보인다.

분명 처음인데 이곳 풍경은 너무나 익숙하다. 이스탄불 천지갑과 나자르 본주 두 물건에 깃댄 추억이 나를 이곳까지 데리고 온 것만 같다. 결국 동전지갑 하나 사지 않고 빈손으로 그랜드 바자르를 나섰지만, 내 안에서 터키식 이슬람 양식이 무한대로 줄기를 뻗어 나간 것처럼 꽉 찬 하루였다.

chapter 1 이스탄불 속으로

성스러운 지혜

블루 모스크와 마주보고 있는 성스러운 지혜란 뜻의 아야소피아로 향한다. 현존하는 비잔틴 양식의 최고 건축물로 그리스어로는 하기아 소피아로 불린다.

건물 안으로 들어서자마자 웅장한 아름다움에 압도된다. 육중한 돌의 느낌 때문인지 전체적으로 어둡게 느껴지는 가운데 돔 아랫부분에 나 있는 작은 창문들 사이로 쏟아지는 빛이 신비롭다. 나는 홀린 듯 둥근 천장 아래로 발걸음을 옮긴다. 돔은 절대적으로 큰 어떤 존재를 떠올리게 하며 그 아래 서 있는 내가 얼마나 작은 존재인지 돌아보게 만드는 힘이 있다.

아야소피아는 이스탄불의 산 역사이다. 로마 제국의 수도를 이스탄불로 옮긴 콘스탄티누스 대제의 아들 콘스탄티누스 2세 때 처음으로 만들어진 대성당이었다. 그러나 이후 두 번의 화재로 크게 소실되었으며, 지금의 모습은 유스티니아누스 황제 재위기 537년에 재건되었다. 천 년 가까이 정교회의 총본산이었던 아야소피아는 비잔틴 제국 역대 황제와 황후의 대관식을 비롯한 주요 정치적, 종교적 의례가 거행된 비잔틴 제국 역사상 가장 중요한 건축물이었다.

1453년 비잔틴 제국이 오스만 제국에 의해 무너지면서 대성당에서 모스크로 탈바꿈하게 된다. 이스탄불을 점령한 술탄 메흐메트 2세는 기독교 세계뿐 아니라 이슬람 세계에서도 잘 알려진 아야소피아로 곧장 달려가 무릎을 꿇고 겸손의 표시로 흙을 한 줌 집어 자신의 터번 위로 뿌렸다고 전해진다. 아야소피아의 아름다움에 반한 그는 벽면 가득했던 기독교 모자이크 성화를 회칠하고 모스크로 개조할 것을 명령했다. 자신이 정복한 이스탄불에 대한 그의 각별한 존중과 애정은 "이런 위대한 도시를 약탈하고 파괴하다니!"라고 뜨겁게 눈물을 흘리며 탄식했다는 기록으로도 남아 있다.

500년 가까이 모스크로 사용되었던 아야소피아는 오스만 제국이 무너지고 터키 공화국이 되면서 또 한 번 운명이 바뀌게 된다. 1935년 터키 정부는 아야소피아를 '인류의 공동유산'인 박물관으로 지정하고, 회칠로 가려졌던 모자이크 성화를 복구하기로 결정했다. 기독교든 이슬람이든 종교적 행위는 일절 금지시켰지만 지금은 두 종교 모두의 성지가 된 셈이다.

시간차를 두고 장식된 비잔틴 양식의 모자이크 성화와 이슬람 캘리그라피가 한눈에 들어온다. 기독교와 이슬람 두 종교가 한 공간에 공존하는 이색 풍경이다. 커다란 중앙 돔을 받치는 네 개의 모서리에는 날개 모양의 천사가 그려져 있다. 사람과 동물의 형상을 금지하는 이슬람에서 500년이 넘도록 얼굴을 잃었던 천사 한 명이 회칠에서 복원돼 복스럽고 귀여운 얼굴을 내밀고 있다. 복구작업이 진척되면 조만간 또 다른 천사의 얼굴도 만날 수 있을 것이다. 이 모든 것이 현재 진행형인 오늘날 아야소피아의 모습이다.

여행을 하면 제일 먼저 그 도시의 역사적인 건축물을 찾기 마련이다. 유럽에서는 성당, 아시아에서는 사원이 대표적이다. 역사적인 공간이 박물관같이 박제되어 있는 것이 아니라 지금 여기에 생생하게 살아 숨 쉬고 있을 때, 그리고 이방인인 내가 그 현장의 일부가 될 때 전율에 가까운 감동을 얻곤 한다. 그런데 아야소피아만큼은 예외다. 이곳만큼 박물관으로 바람직한 공간이 또 있을까. 게다가 이름도 성스러운 지혜라니! 아야소피아는 두 제국의 영화와 치욕 그리고 변화를 몸으로 기억한 채 지금도 살아 있는 생명체 같다.

이스탄불의 가장 대표적인 관광지인 만큼 미국, 러시아, 이탈리아, 일본, 중국 등 국가와 언어를 달리한 그룹들이 무리지어 있다. 언어는 다르지만 가이드마다 같은 지점을 가리키며 역사적 기록과 숨겨진 상징을 설명한다. 무리들은 설교라도 듣는 것처럼 가이드 말에 귀를 기울인다. 때때로 장기 여행자들이 유적지에 관심을 잃어가고 멍 때리기 선수가 되어가는 동안 패키지 일행은 역사와 건축양식에 관한한 백과사전에 가까운 지식을 축적해 나가곤 한다. 편의를 갖춘 비싼 호텔에 머물고, 10분 거리도 관광버스를 타고 가이드를 따라 떼 지어 움직이는 패키지 관광객들이 유일하게 부러워지는 순간이다.

아야소피아는 비잔틴 양식의 정수로 꼽히지만 비잔틴 미술의 대표적인 특징인 벽면 모자이크는 지진, 성상 파괴 운동, 십자군의 강탈, 오스만 군의 파괴 등으로 많이 남아 있지 않다. 그 아쉬움을 달래기 위해 며칠 뒤 술탄아흐메트 역사지구에서 멀리 떨어져 있는

카리예 박물관을 찾아 나섰다. 마찬가지로 교회였다가 오스만 제국 시기에 모스크로 바뀌었으며, 이후에 다시 박물관으로 지정된 곳이다. 카리예 박물관은 모스크 사용 당시 모자이크와 프레스코화가 회칠로 가려졌던 덕분에 그 원형이 외려 더 잘 보전된 경우라고 한다.

작은 규모의 건물 안으로 들어서자 천장과 벽면 빼곡히 성서 이야기가 그려져 있었다. '교회의 그림과 장식은 민중을 위한 강의이고 독서'라는 한 신학자의 말이 이해되는 순간이다. 게다가 정말 아름답다. 이내 내 마음은 예수 발아래 앉은 그림 속 여인의 마음과 같아졌다. 복사본이 아닌 원본만이 갖는 아우라, 이것이 바로 오리지널의 힘이다.

새로운 배낭을 찾아서

여행 중 마음에 드는 숙소를 만나면 왠지 여행의 신神이 나와 함께 하는 것 같아 기분이 좋아진다. 계획 없이, 대책 없이 다니는 편이지만 첫 도착지인 이스탄불 숙소만큼은 출발 전 꽤 열심히 알아봤다. 마음에 드는 숙소 두 군데를 발견하고는 하나만 선택하기 아쉬워 두 곳을 차례로 예약했다. 하나는 술탄아흐메트 역사지구에 있고, 다른 하나는 갈라타 타워가 있는 갈라타지구에 있는 숙소였다.

그동안 술탄아흐메트 역사지구에만 머물다 두 번째 숙소로 이동하기 위해 처음으로 구시가지를 벗어났다. 트램을 타고 갈라타 다리를 지나 카라쾨이에서 내렸다. 배낭을 메고 숙소를 찾아 갈라타 타워 방향으로 가파른 오르막길을 걸었더니 몸이 부서지는 줄 알았다. 엉덩이 통증이 허리와 다리를 타고 위아래로 퍼진 것이다. 그동안 장기비행 이후 몸이 힘든 것은 출장 중이기 때문에, 누군가와 함

께였기 때문이라고 생각했다. 신경 써야 할 일정과 대상이 있었기 때문이라고. 그런데 며칠이 지나도록 몸은 회복되지 않았다. 체크인 시간이 남아 옥상에 앉았다. 보스포루스 해협과 골든 혼의 절경을 눈에 담기도 전에 서러운 눈물이 왈칵 쏟아졌다. 긴 옷 하나, 소설 한 권 챙기지 않았는데 3킬로그램도 되지 않는 짐을 들고 십 분도 걷지 못한다는 것이 너무 속상했다.

"어차피 오래된 배낭이니 쓰고 버려요. 그래도 이 배낭은 허리를 받쳐주기 때문에 언니한테는 좋을 것 같아요."

여행 전날 부실한 나를 위해 친한 동생이 특별히 챙겨준 배낭은 롱다리인 동생에 반해 롱허리인 내 몸에는 맞지 않았다. 게다가 허리를 받쳐주는 지지대 자체의 무게도 만만치 않았다. 눈물을 훔치며 결단을 내려야 했다. 배낭을 바꾸는 수밖에!

갈라타 타워를 지나 석류주스를 한잔 마시고 탁심 광장까지 이어지는 이스티클랄 거리를 걸었다. 자동차가 다니지 않는 보행자 전용도로였다. 물론 튜넬이라는 빨간 전동차가 다니기는 하지만 보행자의 걸음을 방해하기보다는 오히려 거리에 운치를 더해준다. 이 거리는 2013년 탁심 게지 공원 재개발을 반대하는 반정부 시위대로 가득 찼던 곳이다. 당시 전 세계 이목을 집중시킨 이 대대적인 시위는 한국 언론에서도 우리나라의 6월 민주항쟁과 비견될 정도라고 보도된 적이 있다. 생태주의자들의 평화집회가 정부의 강경진압으로 범국민적인 반정부 시위로 확산된 배경에는 그간 정부의 권위주의적 체제에 억눌렸던 표현의 자유와 인권 침해에 따른 국민의 불만이 증폭된 데 있었다고 한다.

웬만한 브랜드 상점은 다 있었지만 여행용 배낭을 찾기는 쉽지 않았다. 허기가 느껴져 현지인이 많아 보이는 식당으로 들어갔다. 가지 안에 양파, 토마토를 채운 이맘 발디[imam bayıldı]로 식사를 하고 텀블러에 물을 담아 옆으로 메고 있던 가방에 넣었는데, 아뿔싸! 텀블러 뚜껑을 돌려 닫지 않고 그대로 넣은 것이다. 가방 속으로 물이 그대로 쏟아졌다. 가방 속에 있었던 아이폰이 오작동이다. 배낭 사는 것을 뒤로 하고 숙소로 다시 돌아왔다. 샤워실에 있는 드라이기로 아이폰을 한참 말리고 켰더니 다행히 정상으로 돌아왔다. 더위와 드라이기 열기에 온몸이 땀범벅이다. 씻으려고 보니 이번에는 이전 호스텔에 수건을 놓고 온 것이다. 아, 내 정신머리는 언제쯤 작동

chapter 1 이스탄불 속으로

되려나.

그냥 잃어버린 셈 치고 타월을 하나 살까 싶었지만 그럴 수는 없었다. 남자친구가 내가 사는 집으로 이사하면서 자신이 갖고 있던 물건 전부를 기부하고, 한 박스도 안 되는 최소한의 짐만 들고 왔는데 그중 하나가 바로 이 수건이었기 때문이다. 결국 샤워도 못하고 갈라타 다리를 건너 역사지구인 술탄아흐메트 구시가지로 향했다.

블루 모스크와 아야소피아 사잇길을 지나 이전 호스텔로 향하는데 며칠 묵었다고 알아보는 청년들이 제법 있었다. 나는 멜하바Merhaba라는 터키 인사말보다 정말 예쁘다, 매우 좋다는 뜻의 '촉규젤çok güzel'을 먼저 알게 됐는데, "터키에 가면 연예인이라도 된 기분이 들 거예요. 하루에 촉규젤이란 말을 세 번 이상은 듣게 된다니까요."라고 말해준 후배 덕분이었다. 어김없이 여기저기서 촉규젤로 시작되는 호객행위가 이어졌다. 호스텔에서 수건만 챙겨들고 서둘러 구시가지를 빠져나와 갈라타 다리를 건넜다. 다리를 건너자 카라쾨이 근처에 아웃도어 전문매장이 줄지어 있는 것이 보였다. 등잔 밑이 어둡다더니 이곳을 두고 하루 종일 엄한 곳을 헤맸던 거다.

매장 몇 군데를 돌며 배낭을 살폈다. 대부분 나이든 사장에 어린 종업원을 둔 곳이 많았는데, 한 곳은 예외였다. 다리에 자전거 체인 타투를 새긴 청년이 운영하는 스포츠 매장이었다. 역사지구에서 만난 사람들은 모두 영어를 잘했다. 뿐만 아니라 프랑스어, 스페인어, 독일어, 일본어 등 물건을 파는 데 필요한 기본 표현에는 모두 거침이 없었다. 그런데 이 청년은 영어를 모른다. 관광객 상대로 하는 장사가 아니란 소리다.

나는 마임 하듯 손짓 발짓으로 내가 처한 상황을 설명했고, 신기하게도 이 청년은 그걸 다 알아듣는다. 물론 나도 그가 터키어와 몸짓으로 한 소리를 거의 다 이해했다. 그의 이름은 톨가였다. 톨가는 운동하다 몸을 다쳐봐서 아픈 몸을 이끌고 여행하는 것이 얼마나 힘들지 이해가 간다는 위로까지 건네며 차이와 다과를 권한다.

손님이 많았다. 전문 스포츠 매장인 만큼 손님들은 매장 주인의 조언을 일일이 구한다. 한 아저씨는 가방과 스포츠 샌들 사진을 찍더니 내 옆에 앉으며 눈인사를 전한다. 딸에게 사줄 물건이어서 사진을 보낸 뒤 답변을 기다리는 중이라고 한다. 곧이어 드레드락 레게머리에 히피 행색을 한 대학생 커플이 방학을 맞아 터키 동부로 배낭여행을 떠날 계획이라며 캠핑에 필요한 장비를 문의한다. 나는 배낭을 메고 가게 안을 돌아보았다. 톨가에게 내 몸에 맞는 구조인지 확인하는 중이라고 하니 가방 안에 침낭을 넣어보란다. 내 짐은 3킬로그램 내외니까. 1킬로그램짜리와 2킬로그램짜리 침낭 하나를 넣고 가게 안을 걸어 다녔다. 마치 어릴 적 안경을 맞추러 가 도수별 렌즈를 끼고 안경점을 돌던 그때처럼.

그렇게 한참을 살핀 후에 구입한 배낭을 메고 폴짝 뛰어가며 새로 옮긴 숙소를 향해 걸어 올라갔다. 가벼워진 마음과 발걸음 덕분인지 갈라타지구가 한눈에 들어오기 시작했다. 하루에 갈라타 다리를 세 번이나 건넜기 때문에 무엇이 역사지구와 다른지 확연히 알 수 있었다. 정돈된 이스티클랄 거리와도 다르다. 그래피티 가득한 벽면, 수공예품이 진열된 작은 숍과 헌책방, 악기 상가, 인도풍 히피 스타일의 빈티지 숍에서 자유로운 기운이 넘쳐난다. 갈라타 타워 아래 광장에는 LGBT(성적 소수자) 페스티벌로 모여든 젊은이들로 가득했다.

이스탄불의 오늘을 보고 싶으면 역사지구를 벗어나라고들 말한다. 그곳에는 과거의 영화가 너무 큰 탓에 오늘날 터키인의 삶이 들어설 자리가 없어 보인다. 아나톨리아 반도 전역에서 이스탄불로 몰려든 이주민들은 관광객들을 상대로 생계를 꾸려간다. 오너이기보다 종업원으로 일하는 그들은 호객에 열성을 쏟으면서도 막상 주문을 받고 난 뒤엔 서비스는 안중에 없고 작업에 열중이다. "혼자 왔니? 나 오늘 4시에 일 끝나는데 저녁 같이 먹을까?" 이런 식이다. 그러나 갈라타지구에는 더 이상 나를 관광객으로 대하지 않는 자유로움이 느껴진다. 물론 구시가지 못잖은 관광지구이지만 그 공기가 다르다. 터키의 오늘이 생생하게 살아있다. 그러고 보니 갈라타지구에 온 이후 촉규젤이란 소리도 듣지 않는다.

순간 이곳의 분위기가 너무 좋아 대도시가 싫다면서도 떠나지 못하고 있는 홍대 집에 온 것만 같았다! 마침 이어폰에서는 킹스 오브 컨비니언스의 노래가 흘러나온다.

"a song for someone who needs somewhere long for homesick because I no longer know where home is."

아, 집 떠나온 지 불과 일주일인데 나는 어디가 내 집인지 더 이상 알지 못하는 것 같다.

"조심해! 한번 빠져들면 벗어날 수 없어"

이스탄불이 너무 마음에 든 나머지 계속해서 숙박 연장을 한다. 구시가지 바자르, 피에르 로티 언덕, 니샨타시, 지한기르 등지를 쏘다니고, 페리 타고 아시아지구를 갔다가도 어김없이 갈라타지구로 돌아온다. 좌판 위 알록달록한 히피 패션 옷가지와 가방들, 계단과 길모퉁이마다 걸터앉아 맥주를 홀짝거리는 젊은이들 사이에서 거리 가득 자유로움을 느낀다.

하루는 숙소에서 만난 레이나와 저녁식사를 함께 했다. 나처럼 구시가지에서 머물다 숙소를 옮겨온 독일 여행자다. 치첵 파사지에서 저녁을 먹고 이스티클랄 거리를 거쳐 뒷골목으로 가니 금요일의 거리는 온통 클럽 분위기다. 음악과 조명에 취한 젊은이들은 소리 지르며 웃고 마시며 춤을 춘다. 우리는 크고 작은 펍을 지나 갈라타 타워 아래 골목 스녹snog에 자리를 잡았다. 숙소와 가까워 오고 가며 몇 차례 들렸던 곳이다.

스녹은 안과 밖 경계가 없다. 길거리와 맞닿은 문쪽 테이블은 언제나 인기가 좋다. 실내뿐 아니라 입구 계단과 길바닥 위에 손님들이 앉으면서 자연스레 공간이 확장된다. 터키 현지인과 여행자들이 섞여 앉았다. 매스컴 학회 세미나에 왔다는 덴마크와 브라질 저널리스트 두 명까지 합석해 건배를 외친다. "쉐레페!"

멀리 떨어진 두 나라에서 온 레이나와 나는 이구동성으로 이스탄불이 진정 최고라며 엄지손가락을 치켜 올렸다. 그 면면이 너무 다양해서 최소한 몇 달은 머물러야 알 수 있을 것 같다며 다음에 올 때는 갈라타지구에 방 하나를 얻어 함께 지내자고 한껏 목청을 높였다.

레이나는 독일 사회에서 문화적 차이로 인한 터키 이민자들과의 갈등이 주요 이슈라며, 이민 사회를 이해하기 위해서라도 독일 사람들이 한 번씩은 꼭 터키에 와봐야 할 것 같다고 덧붙였다. 첫날 밤 도미토리에서 만난 다섯 명의 독일 고등학생도 독일 정부에서 주최한 독일, 터키 문화교류 프로그램에 3주 동안 참가한 학생들이었다. 독일 여행자들과의 만남 속에서 다문화 사회를 위한 고민과 노력을 엿볼 수 있었다.

주말이 되자 지난 주 '트랜스젠더 프라이드 퍼레이드'에 이어 이번에는 훨씬 더 큰 규모의 '게이 프라이드 퍼레이드'가 시작됐다. 탁심 광장에서 시작된 행진은 이스티클랄 거리를 지나 튜넬 광장까지 이어졌다. 거리는 온통 레인보우 물결이다. 이슬람 문화권에서 이렇게 자유로운 분위기 속에 LGBT 페스티벌이 열리고 있다는 사실이 놀랍다. 매년 열리던 이스탄불 LGBT 페스티벌은 2012년까지 1만 명 참가 규모의 축제였다가, 게지 공원 시위가 열린 2013년부터는 10만 명 이상이 참여하는 대규모 축제로 발전했다. 이스탄불이 얼마나 역동적으로 변화하고 있는지 알 수 있는 대목이다. 이스티클랄 거리에서부터 튜넬 광장 사이에 일어나는 크고 작은 시위행렬을 보면 지금 터키와 이스탄불의 이슈가 무엇인지 금세 파악될 정도라고 한다.

경찰들은 튜넬 광장으로 이어지는 골목을 모두 에워싸고 있었지만 튜넬 광장에서 갈라타 타워까지 이어지는 길은 온통 축제분위기다. 무지개 깃발이 춤추고, 손으로 만든 현수막과 피켓이 여기저기 나부낀다. 퍼레이드 참가자들은 그룹을 지어 길바닥에 둘러앉아 맥주를 마시며 기타치고 노래한다. 연인들은 키스를 하고, 함께 모인 젊은이들은 서로 양볼 인사를 하고 포옹을 하며 연대와 우정을 표한다.

나는 갈라타지구에 매료되었다. 유럽과 중동 문화가 교차하면서 만들어낸 긴장과 자극이 이곳에 활기를 불러일으키고 있었다. 게다가 여행자와 이민자가 끊임없이 모여들면서 이곳은 늘 새로운 것들과 뜨거운 열기로 가득하다. 숙소 앞 알바 갤러리에서 만난 호주에서 온 그녀가 말했다. "너도 조심해! 한번 빠져들면 벗어날 수 없어. 나도 8년째 이러고 있잖아." 이스탄불에 반한 그녀는 8년 동안 한 번도 이스탄불을 벗어나지 않았다고 한다.

그녀에게 말한다. "여기 너무 좋아, 마치 내가 사는 동네 홍대 같아. 우리 동네도 이렇게 길거리 예술이 발달했고, 자유분방하고 세계 트렌드가 모여드는 곳이거든." 그러자 그녀의 눈이 반짝 빛났다. "너희 동네도 이렇게 역사적이니?" 묻더니 갈라타지구 주변의 흑백 사진들과 역사책들을 보여준다. 답을 할 수 없었다. 그때 알았다. 결정적인 차이가 무엇인지. 힙스터들의 아지트가 아니었다. 잠깐 '힙'했다 사라지는 그런 공간이 아니었다. 유럽 문화를 흉내내는 곳도 아니었다.

1261년 비잔틴 제국 미카엘 8세가 제노바에 해상 무역과 자치권을 내 준 이래로 갈라타지구는 언제나 해방구 역할을 해왔다. 오스만 제국이 들어선 이후에도 제노바인들과 유럽인들은 갈라타지구에 모여 살았고, 그들의 문화는 구시가지 무슬림 생활상과 크게 달랐다고 전해진다. 이 자유로움 마저 오래된 전통을 이어가고 있었다. 수세기를 이어온 이 지역 고유의 자유본능인 것이다.

그리스인들은 여인숙을 운영하고 아르메니아인들은 대부분 상인이거나 환전상이며 유대인들은 연애 사업의 매개자 노릇을 하는데 젊은이들은 방탕함에 있어서 감히 따를 자가 없다. 갈라타 여인숙과 술집이 200곳이나 되며 이교도는 이런 업소들을 찾아 음악과 술을 즐긴다. 여인숙들은 안코나, 무단야, 스미르나, 테네도스의 술로 손님들을 끈다. 갈라타의 여인숙들에는 온갖 재주꾼과 춤꾼들, 광대들이 모여들어 주야로 즐기기 때문에 귀나하(유혹)라는 말이 특히 잘 어울린다. 나는 이 지역을 지나다 맨머리에 맨발에 많은 남자들이 술에 취해 길에 누워 있는 것을 보았으며 일부는 노래로 자신들의 상태를 알렸다. "나는 붉은 포도주를 마셨다. 아, 취한다, 취한다! 나는야 감옥의 죄수, 아, 미쳤다, 나는 미쳤다!" 그러면 옆에서 다른 사람이 이렇게 화답했다. "내 발은 여인숙으로 가네, 다른 곳 말고, 내 손은 술잔을 꽉 잡

네, 다른 것 말고, 설교는 그만두시오. 내 귀는 술병의 속삭임밖에 듣지 못하니." - 존 프릴리, 〈이스탄불〉 中

1630년대 갈라타지구에 대한 에울리야의 '한 여행자의 기록'에 나타난 묘사이다. 어떤가, 오늘날 갈라타지구와 크게 다르지 않은 모습 아닌가!

chapter 1 이스탄불 속으로

집시, 난민, 그리고 여행자들

좀 묘한 경험이었다. 6월 중순인데 한낮의 태양은 너무 강렬하다. 더워서 옷을 벗는 게 아니라 몸을 가리게 된다. 가지고 있던 카디건을 머리 위로 둘렀다. 엉덩이는 아프고, 다리는 절뚝인다. 그래도 걸음을 멈출 수가 없다. 결국 니샨타쉬 근처에서 버스를 탔다. 탁심을 지나가는 버스였다. 카라쾨이 근처에 내려 숙소로 돌아가야지 싶었는데 탁심 근처 지하도로 정류장에서 서더니 버스는 자동차 전용도로를 달려 갈라타 다리에서 한참 멀어져 갔다. 안 되겠다 싶어 중간에 벨을 눌렀다. 내리고 보니 우리나라 고속도로처럼 건널목을 찾을 수 없었다. 위태하게 갓길을 걷고 있는데 정류장도 아닌 곳에서 버스 한 대가 섰다. 기사는 말하지 않아도 내 사정을 알 법하다는 듯이, 어디를 가냐고 묻지도 않고 타라고 했다. 차비도 받지 않고 그냥 앉으란다. 가다가 건널목이 있거나 갈아타기 쉬운 곳에서 내리라는 눈치다.

버스는 수도교를 지나 파티흐 방향으로 달렸다. 관광 지구에서 보지 못했던 낯선 풍경들이 펼쳐졌다. 전통 무슬림 마을인 듯 길 위의 여자들은 모두 단단히 히잡을 하고 있었다. 한 정류장에서 집시처럼 보이는 여자가 아이를 들쳐업고 남자와 함께 버스에 오르려 했다. 그러자 나에겐 천사 같았던 버스기사가 무섭게 화를 내며 집시 가족을 쫓아냈다. 오래 입어서 거의 다 찢어져 가는 인도풍 옷에, 꽃무늬 롱스커트를 입은 내 모습도 그녀와 별반 달라 보이지 않았다. 그런데 기사는 나 같은 이방인은 반기고 자기 사회의 한 구성원인 집시 가족은 매몰차게 대했다. 다행인 것은 터키인들이 버스기사를 나무라며 집시 가족 편을 들어주는 것이었다.

나는 버스기사에게 인사를 하고 버스가 많이 교차하는 지점에서 내려 반대편으로 가는 버스에 올랐다. 옆자리에 있는 아저씨에게 방

향을 재확인하자, 그는 스마트폰 구글 번역 앱을 써가며 친절히 답해줬다. 잠시 후 창밖으로 조금 전에 봤던 집시와는 조금 다른 행색의 무리가 보였다. 내가 그들을 가리키자 아저씨는 시리아 난민이라고 답했다. 시리아 내전 이후 많은 난민들이 터키로 몰려들고 있다고 했다. 이스탄불에서는 가만히 앉아만 있어도 내가 몰랐던 세상, 알고도 외면했던 문제들이 내 눈 앞에 선명하게 펼쳐진다.

집시, 난민 그리고 여행자 우리는 모두 보따리 하나만 지고 이 길 위에 서 있다. 여행자에게는 이 길이 낭만과 모험을 뜻하지만 유랑하는 소수민족 집시에게는 삶의 터전이요, 절망적인 상황에 내몰린 난민에게는 피난 현장이 된다. 그리고 이 길 위에서 돌아갈 곳이 있는 여행자만이 환영을 받는다. 나는 내가 받고 있는 이 환대가 특권처럼 느껴져 집시와 난민 앞에 빚진 마음이 들었다.

갈라타 다리가 보이자 버스에서 내려 보스포루스 해협이 보이는 벤치에 자리를 잡고 앉았다. 크고 작은 배들이 해협을 오가고, 길거리엔 옥수수, 홍합, 생선 케밥을 파는 노점상과 수많은 인파로 시끌벅적했다. 잠시 후 옆 자리에 몸 전체를 가리는 검은 차도르를 입고 명품 백을 든 세 명의 여자가 앉았다. 눈인사를 건넸다. 이라크에서 가족 여행을 온 모녀라고 했다. 마침 이라크 사태로 국제사회가 촉각을 곤두세우고 있다는 기사를 아침에도 보고 나왔던 터였다. '나라는 전쟁통이어도 있는 사람들은 여행을 하나보지?' 순간 나도 모르게 그들을 비난하는 눈빛을 하고 말았다.

해질 무렵 갈라타 다리를 건너 얼마 전 배낭을 샀던 톨가네 가게를 들렀다. 숙소로 돌아가는 길목에 있어 톨가를 알게 된 후로는 거의 매일 들러 인사를 나눴다. 특별한 계획이 없으면 저녁을 같이 하자 길래 함께 보스포루스 해협과 맞닿은 카라쾨이 생선 레스토랑에 앉아 라크 한 병을 주문했다. 라크는 아니스 향을 첨가해 독특한 향과 맛이 나는 증류주로 알코올 도수가 40%가 넘는다. 톨가는 물에 얼음을 넣어 차갑게 한 뒤 얼음을 빼고 라크에 물을 섞었다. 그러자 투명했던 술이 옅은 우윳빛으로 변했다. 터키의 국부 아타튀르크가 사랑한 술로 '사자의 젖'이라고 불리는 이유를 알겠다.

톨가는 한글이 어떻게 생겼는지 궁금해 했다. 내 이름이 무슨 뜻인지 묻기에 상화相和를 한글로 적고, 한자 뜻까지 알려주며 서로 화목하게 하는 자, 피스메이커라고 설명했다. 이어서 어김없이 남북 관계를 물어왔다. 전에 말했다시피 톨가는 영어를 거의 못하는데 어떻게 이런 모든 대화가 가능했는지 모르겠다.

"사실 우리는 북한에 대해 아는 게 없어. 우리는 북한 사람들을 만나는 일, 북한 뉴스나 정보를 얻는 일, 모든 것이 제한되어 있거든. 국제뉴스에서는 북핵 위협이 매우 심각한 것처럼 떠들어 대지만 실상 우리의 일상에서는 별다른 위협을 느끼지 않아. 남북이 갈라진지 벌써 60년이 넘었어. 그러다 보니 우리는 마치 그들이 우리 옆에 존재하지 않는 것처럼 살고 있어. 먼 나라 일인 것처럼. 물론 이게 지금 우리 사회의 가장 큰 문제 중 하나이기도 해." 나 역시 남의 나라 얘기하듯 말했다.

그러자 톨가의 표정이 바뀌었다. "상화, 그럼 너는 여행을 하면 안 돼. 너는 피스메이커라며! 너의 나라가 화해를 하는 것이 시급하지, 지금 한가하게 여행을 하고 있을 때가 아니잖아." 이 친구가 한국 사정을 몰라도 한참 모르네, 대꾸하려 하기 전에 얼굴이 화끈거렸다. 낮에 본 이라크 가족 여행자들에게 보냈던 내 눈빛을 기억해 냈기 때문이다.

처음으로 부끄러웠다. 여행하는 나를 누군가가 손가락질하는 상황이었다면 그래도 나는 계속 여행을 했을까. 물론 답은 예스라고 생각한다. 그러나 자신이 속한 사회에서 해야 할 일을 찾아내고, 스스로 만족하는 삶을 살 수 있다면 그것이 훨씬 가치 있는 삶일 것이라고 진심으로 생각했다.

어쨌든 내게 늘 호의를 베풀던 톨가에게 또 한번 당했다. 이스탄불을 떠난 뒤 언어 장벽을 의식해 사진을 이용한 안부 메일을 보냈더니 한마디 답변이 돌아왔다.
'헤이, 포토머신!'

chapter 1 이스탄불 속으로

"미래의 박물관은 당신 집 거실이 될 거예요"

이스탄불에 가기 전 오르한 파묵 책 몇 권을 읽었다. 보스포루스 해협, 골든 혼, 쾨프테 같은 것들을 머릿속에 새기면서 이스탄불에 닿기도 전에 베이오울루 뒷골목을 걷고, 냄새 맡고, 맛본 것 같았다. 오르한 파묵은 자전에세이 〈이스탄불〉에서 영어로는 '멜랑콜리', 터키어로는 '후준', 한국어로는 '비애'라는 단어를 많이 사용했다. 동시에 몰락한 대제국의 패배, 남겨진 폐허 속에서 가난한 오늘을 사는 터키인들의 상실감을 자주 드러냈다. 책을 읽는 동안 상상 속 이스탄불은 슬픔을 가득 머금은 도시였다.

순수 박물관이 있는 추쿠르주마가 숙소와 그리 멀지 않다는 것을 확인하고 서둘러 길을 나섰다. 오르한 파묵의 소설 〈순수 박물관〉의 실재實在 모델로, 파묵은 소설 집필 전 이 건물을 산 뒤 고물상과 벼룩시장에서 물건을 하나하나 사들이면서 박물관 오픈 준비와 동시에 소설을 써 나갔다고 한다.

노벨 문학상 수상 이후 첫 장편으로 세계적인 주목을 받은 이 소설은 '한 여자(퓌순)와 만나 44일 동안 사랑하고, 339일 동안 그녀를 찾아 헤맸으며, 2,864일 동안 그녀를 바라본 한 남자(케말)의 30년에 걸친 처절하고 지독한 사랑과 집착' 이 두 줄로 요약이 가능한데, 그 이야기는 장장 2부에 걸쳐 853페이지로 씌었다. 이런 숫자와 집필 과정이 보여주듯 오르한 파묵 소설은 편집증에 가까울 정도로 구체적이고 사실적이다.

나는 〈순수 박물관〉을 이렇게 요약하고 싶다. 1부가 '당신은 모든 걸 누릴 자격이 있어요!'라고 믿고 싶었던 한 남자, 케말의 일상이 사랑을 잃고 난 뒤 어떻게 무너지는지를 보여준다면 2부는 '인생은 절대 우리가 원하는 대로 되지 않아요.'라는 절망으로 시작해 소중한 사람과 함께 앉아 있는 일상이 얼마나 값진 것인지를 이야기하고 있다고. 1부에서는 상류사회에 속하는 케말의 가족, 애인, 친구들의 생활과 사고방식을 보여주는 니샨타쉬가 주요 배경이었다면, 2부에서는 가난한 퓌순 집 추쿠르주마의 거실 풍경이 주를 이룬다.

사실 나는 소설 속 주인공 케말이 사랑한 퓌순보다 그의 약혼녀였던 시벨을 더 좋아했다. 화자인 케말은 종종 그녀의 속물근성과 이중성을 꼬집곤 했지만, 아래와 같은 표현에서 나타난 그녀의 생각은 단박에 나의 마음을 사로잡았다.

시벨은 자임에게 우리만 아는 별명을 붙였다. 그것은 '당신은 모든 걸 누릴 자격이 있어요! 자임.'이었다. 그녀는 멜템 사이다의 광고에 나오는 이 카피가 무척 의식 없고 이기적이라고 생각했다. 많은 젊은이가 좌익이니 우익이니 하며 서로를 죽이는 터키같이 가난하고 고민 많은 나라에서 이 말은, 시벨에 의하면 추한 것이었다.

자신의 인생만 장밋빛이기를 바라는 일부 신앙인과 속물을 향한 내 마음과 같았기 때문이다. 왜 하필 추쿠르주마였을까를 생각해 본다. 오르한 파묵의 또 다른 소설 〈검은책〉에서 보여준 이스탄불의 정체성, 이를테면 터키인들만의 제스처 같은 것에 그가 얼마나 깊은 애정을 갖고 있는지를 생각하면 짐작이 간다.

　순수 박물관 입구에 들어서자 퓌순이 피운 담배꽁초 4,213개가 진열된 벽면이 가장 먼저 눈에 띄었다. 날짜별, 상황별 모양을 달리한 담배꽁초들이 가득 전시되어 있고, 바로 옆에는 담배 피는 손의 영상을 담은 여러 스크린이 동시에 상영되고 있었다. 남의 아내가 된 퓌순 집에 매일 저녁 방문하여 앉아 있던 케말은 담배꽁초를 비롯하여 성냥갑, 소금통, 커피잔, 머리핀, 재떨이, 찻잔, 슬리퍼 같은 것들을 수집하기 시작했다. 가령 퓌순이 멍하니 텔레비전을 보면서 만지고 있던 소금통을 눈 깜짝할 사이에 주머니에 넣고는 천천히 라크를 마시는 식이다. 찌질해 보이는 듯한 파묵 특유의 묘사는 묘한 중독성이 있다. 그의 '변태적 감수성'에 중독된 독자들은 베이오울루의 뒷골목을 헤매가며 기어코 실재實在 순수 박물관을 찾는다.

　박물관 벽에 적혀 있는 '미래의 박물관은 당신 집 거실이 될 것이다.'라는 글귀는 '작은 것이 아름답다.', '개인적인 것이 정치적이다.'와 같은 명제를 떠올리게 했다.

　구경을 마치고 밖으로 나와 잠시 걸었다. 목조 건물들 사이로 골동품 가게들이 줄지어 있었다. 오래되고 좁은 골목길을 돌아 나와 지하기르에서 에어룸 이스탄불Heirloom Istanbul이라는 카페를 발견했다. 지속가능한 발전을 추구한다는 안내 간판이 시선을 끌었다. 에

어룸 이스탄불은 1902년 오스만 제국 시대에 지어진 건물을 자연친화적인 방법으로 리모델링하여 게스트하우스와 함께 카페를 운영하고 있었다. 카페 한쪽에는 시골 할머니들이 만들었다는 그릇, 도마, 비누, 스카프 등이 진열되어 있다. 시골에서 소규모로 짓는 농산물과 친환경적인 수공예품의 생산 활동을 지원하기 위해 만든 작은 에코 숍이다. 오랫동안 준비한 은퇴 프로젝트라고 말하는 주인장의 얼굴에는 자부심이 묻어났다.

아라 귈레르, 오르한 파묵과 같은 예술가와 지식인들을 시작으로, 지금 이스탄불에는 자신들 문화와 양식에 강한 애착을 갖고 스스로 정체성을 지켜 나가고자 하는 움직임이 일고 있는 것이 확실하다. 상상 속 비애의 도시 이스탄불은 머리에서 사라졌다.

발걸음은 지한기르, 톱하네를 거쳐 카라쾨이로 이어졌다. 낡은 거리 곳곳에서 새로운 일상과 예술이 싹트고 있었다. 카라쾨이에 이르자 뱃고동 소리, 생선 굽는 냄새, 모스크로 향하는 노인들, 데이트하는 젊은이들로 거리는 활기가 넘쳤다.

오르한 파묵의 글 한 대목을 떠올렸다.

"삶이 그렇게 최악일 수는 없어. 여전히 보스포루스로 산책 나갈 수는 있으니까."

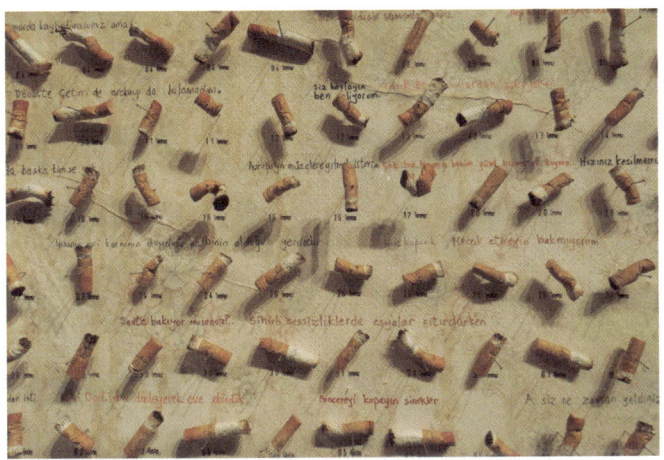

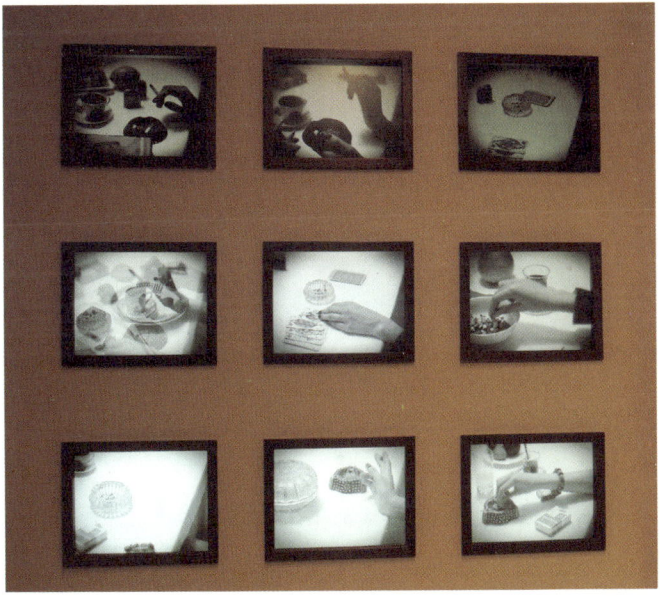

chapter 1 이스탄불 속으로

옥상 달빛 아래서

 부티크 호텔부터 에어비앤비, 카우치 서핑에 이르기까지 다양한 숙박형태가 있지만, 나는 여전히 게스트하우스나 호스텔을 좋아한다. 이따금씩 하나의 여행지에서 몇 개국을 동시에 여행하는 마법이 펼쳐지는 공간이기 때문이다.

 다채로운 매력을 가진 이스탄불인 만큼 갈라타지구 호스텔에는 각양각색의 여행자들이 모여들었다. 나는 그중 이탈리아에서 온 60대 언니, 티지아나 여사와 각별한 사이가 되었다. 숙소 옥상에 앉아 보스포루스 해협 넘어 궁전 같은 모스크의 둥근 지붕을 바라보며 하루를 정리하던 중 룸메이트 티지아나 여사와 눈이 마주쳤다.

 "어디서 왔나요?", "오늘 하루는 어땠나요?", "이스탄불은 처음인가요?" 등의 의례 여행자들이 나누는 대화가 오고 갔다.

"내일은 어디 가나요?"

내가 묻자 여사님은 마치 비밀데이트라도 있는 것처럼 대답하기를 주저했다.

"아, 좀 특별히 가볼 곳이 있어."
"어디인데요?"
"응, 순수 박물관이라고..."

여사님은 분명 이걸 어디서부터 설명해야 하나 난감해 하는 눈치였다.

"저, 오늘 거기 다녀왔어요!"라고 답하자 동지라도 만난 것처럼 반기셨다. 오르한 파묵의 소설 〈순수 박물관〉의 '찌질함'과 '순수함'에 환호하는 팬들의 은밀한 연대감 같은 것이 싹튼 것이다.

우리의 사이를 더욱 돈독하게 만든 또 하나의 사건이 있었다. 아침에 일어나 인사를 했다.

"잘 잤어요?"

"아니 잘 못 잤어. 정말 괴로운 밤이었어. 에어컨 때문에 너무 추워서 있는 옷을 다 꺼내 입고 나서야 겨우 눈을 붙였거든!"

나야말로 전우라도 만난 것처럼 반가웠다. 냉기에 밤새 오들오들 떨긴 나도 마찬가지였다. 밤늦게 들어온 호주 여자애가 에어컨 온도를 19도로 맞춰놓고는 리모콘을 손에 쥔 채 잠이 들었던 것이다.

"오늘 밤엔 룸메이트들에게 양해를 구하고 꼭 에어컨을 끄고 자기로 해요."

여사님과 나는 한밤중 에어컨 리모콘 사수를 작당하며 비밀이라도 나눈 친구처럼 가까워졌다.

여사님은 밀라노에서 난민들에게 이탈리어를 가르치는 일을 한다고 했다. 밀라노라는 말에 반색하며 물었다.

"영화 〈아이 엠 러브〉 보셨어요?"

"처음 들어보는데? 어떤 영화야?"

"밀라노 상류층 가문으로 시집 온 러시아 여자 엠마가 뒤늦게 사랑과 정체성을 찾아가는 영화인데요. 엠마를 연기한 틸다 스윈튼의 표정, 몸짓 하나하나가 그 자체로 명품이자 예술이에요."

영화는 머리 한 올 흐트러짐 없이 '각 잡힌' 이탈리아 상류 사회를 격조 있게 카메라에 담아냈다. 그러나 동시에 격식 속에 갇혀 있던 우리의 본능과 야생성을 일제히 봉기하게 만드는 반전이 있다. 나는 영화에 대한 짧은 설명을 덧붙이며 꼭 봐야 한다고 호들갑 떨었다. 여사님은 잠시 생각에 잠긴 듯 하더니 이야기를 시작했다.

"나도 영화 속 그녀와 같은 삶을 살았었어. 젊었을 때 밀라노의 이름 있는 가문 재벌 2세와 결혼을 했거든. 보통 비슷한 집안끼리 결혼을 하는데 나는 너무 평범한 집안의 여자여서 우리의 결혼은 세간의 화제가 될 정도였어. 그러나 결혼 생활은 오래가지 못했어. 나는 그의 집안에서 연극하듯 살아야 했거든. 더 큰 문제는 남편이 마약 중독이었던 거야. 약에 취해 엉망이 되어버린 남편의 삶을 뒤치다꺼리하는 것은 언제나 내 몫이어야 했어. 결국 우리는 이혼을 했지."

여사님의 이야기가 이어졌다.
"이후에 정말 나를 위해주고 사랑해주는 그런 남자를 만나 재혼을 했어. 그런데 그가 2년 전 갑작스레 심장병으로 세상을 떠났어. 나는 지금 그이를 보낸 뒤 처음으로 여행을 떠나온 거야."
너무나 뜻밖의 이야기였다. 여사님이라면 결혼과 출산에 대한 내 고민도 함께 나눌 수 있을 것 같았다.
"아이는요?"

"첫 아이를 가졌다 유산한 이후로 다시는 아이를 갖지 못했어."

나는 오랫동안 결혼도 하지 않고 아이도 갖지 않겠다고 말해왔다. 그것은 내가 원하기만 하면 언제든지 선택할 수 있다는 생각에서였다. 결혼은 여전히 선택사항이지만 출산은 언젠가 더 이상 선택사항이 아닐 것이다. 나는 이런 속내를 털어놨다.
"아이를 갖지 않으면 정말 후회할까요?"
"아이를 가져! 나는 아이를 낳지 못했지만 자식 같은 존재들이 있으니까 괜찮아. 내가 가르치는 아프리카 난민들이 이제 내게는 자식이야. 아이를 낳지 않더라도 어떤 형태로든 아이를 갖는 것은 인생에서 꼭 필요해."

나는 내심 '아이는 없어도 괜찮아.'라는 답변을 기대했던 걸까. 이렇게 단호한 대답을 듣기는 처음이다. '아이' 또는 '자식 같은 어떤 존재'에 대한 고민은 이후 여행을 하는 내내 나를 따라다녔다.

나는 티지아나 여사의 여행 방식을 좋아했다. 이스탄불만 2주 동안 여행하는 그녀의 투명 파일 안에는 가이드북에서는 쉽게 찾아볼 수 없는 이스탄불 역사와 문화를 담은 칼럼과 여행 정보로 가득했다. 빨간색 테의 안경을 쓰고, 매일 색깔을 바꿔가며 화려한 귀걸이와 목걸이를 하고 있지만 외출할 때는 발목까지 닿는 긴 검은색 드레스를 차려입고, 스카프를 둘러 현지 문화에 대한 예의를 표했다.

chapter 1 이스탄불 속으로

여사님은 하루하루 이스탄불과 추억 만들기에 열중이었다. 나만큼이나 이스탄불과 사랑에 빠진 것이 틀림없었다. 서로의 그런 마음을 알기에 우리는 쉽게 동행을 청하지는 않았다.

구시가지에서 갈라타지구로 온 나와는 반대로 여사님은 갈라타지구에서 술탄아흐메트로 숙소를 옮겨갔다. 신기하게도 내가 머물던 숙소로 예약을 했단다. 우리는 이렇게나 통하는 게 많았다. 그 숙소는 평가도 좋고 여러 매체에도 소개된 곳이어서 정보에 민감한 한국 여행자들에게도 인기가 좋은 곳이었다. 여사님이 떠나고 며칠이 지나 사진 몇 장이 첨부된 메일을 받았다.

"상화! 나는 지금 밀라노에서 이 메일을 보내. 환상적인 보스포루스 해협을 바라보며 옥상 달빛 아래서 나눴던 우리의 대화는 정말로 즐거웠어. 구시가지로 옮긴 게스트하우스에서는 네가 많이 그리웠어. 그곳에도 많은 한국 여자 여행자들이 있었지만 그녀들은 화장을 하고 외모를 단장하는 데만 관심이 있었거든. 모든 순간 네가 행복하길 바라. 잊지 마. 네가 원할 때 우리 집의 문은 언제든지 열려 있다는 것을!"

나는 옷차림에 대한 티지아나 여사의 생각을 떠올렸다. 그러자 그녀가 한국 여행자들에게 느낀 안타까움도 이해할 수 있었다.
"우리 밀라노는 패션이 발달한 곳인 만큼 멋쟁이들이 많아. 옷으로 상대를 평가하기도 하지. 그래서 때론 옷이 감옥 같다는 생각이 들기도 해. 오늘 차도르를 입은 무슬림 여자를 보며 생각했어. 다른 사람의 시선이 아닌 나 자신에게 집중하기 위해 가끔은 나도 차도르를 입고 싶다고 말이야."

티지아나 여사는 밀라노 재벌 가문에서 나올 때 무슨 옷을 입고 있었을까? 질 샌더 명품 옷을 벗어던지고 추리닝을 입고 달려 나오지는 않았을까? 나는 영화 〈아이 엠 러브〉의 한 장면을 떠올리며 틸다 스윈튼처럼 질주하는 티지아나 여사를 상상을 하였다.

Chapter 2
터키 가족을 만나다

"네 앞에 많은 길이 있어. 그 길 위에서 만나는 사람들마다 너를 반기며 안아줄 거야. 네 주위에는 언제나 좋은 사람들로 가득해. 여행이 끝나면 다시 널 기다리는 사람들 품으로 돌아가게 될 거야. 모든 일이 잘 풀릴 거니까 아무 걱정하지 마."

안녕, 무더운 날의 샤프란볼루

이스탄불을 뒤로 하고 샤프란볼루Safranbolu로 향한다. 샤프란 꽃이 많이 피던 곳이어서 붙여진 이름이다. 작고 예쁜 구시가지가 유명한데, 오스만 제국 시대의 전통가옥 1,000여 채가 잘 보전되어 있어 1994년 마을 전체가 유네스코 세계문화유산으로 지정되었다. 마을 중앙에는 과거 낙타에 짐을 싣고 유럽과 중국 사이 실크 로드Silk Road를 오가던 대상隊商들의 숙소 '진지한'과 목욕탕 '진지하맘'이 자리 잡고 있다.

라마단 절기 중이었다. 이슬람교의 창시자 무함마드가 신에게 코란을 계시 받은 신성한 달로, 이슬람교도들은 라마단 한 달 동안 일출에서 일몰까지 단식을 하며 절제된 생활을 한다. 라마단은 이슬람력의 아홉 번째 달로 해마다 시기가 조금씩 빨라진다.

이스탄불에서는 이틀 전 라마단이 시작된 줄도 모르고 있었다. 떠나기 전날까지 평소와 다를 바 없이 갈라타 타워 근처에서 술을 마시며 축제를 벌이는 젊은이들만 보았을 뿐이다. 내심 이스탄불 사람들에게 '지금쯤 라마단이 시작되죠?'라고 물어볼까 싶었지만 이슬람 사회에 대한 편견에 사로잡힌 사람 취급 당할까 봐 아는 체도 하지 않았다. 그럴 때마다 〈순수 박물관〉에 나오는 전 외무부 장관의 대사 '사방에 예의라고는 모르는 신흥 부자들, 아내와 딸이 머리 스카프를 쓴 시골 사람들로 넘쳐나. 얼마 전에 보았네. 한 남자가 아랍인처럼 검은 차도르를 쓴 부인 둘을 뒤에 달고 베이오울루로 나가서 아이스크림을 사 먹이더군.'과 같은 대목들이 떠올라 이색적인 그림을 찾아 헤매는 무례하고 촌스러운 관광객처럼 여겨질까 봐 조심스러웠던 것이다.

chapter 2 터키 가족을 만나다

그런데 이 작은 마을에 도착했더니 온 마을이 숨죽여 라마단을 지키고 있었다. 시골엔 비밀이 없고, 도시는 사람을 자유롭게 한다고 했던가. 이웃집 수저 개수까지 알고 있을 것만 같은 샤프란볼루에서는 모두 신앙에 따라, 또는 이웃의 시선에 따라 엄격하게 라마단을 지키고 있었다.

라마단은 아랍어로 '무더운 날'이라는 뜻도 있단다. 아니나 다를까, 한낮의 더위는 세상을 음소거해 놓은 듯 무기력하게 만들었다. 밖으로 나다닐 수 없을 정도로 강렬한 태양이다. 마을 사람들은 지쳐 보였다. 길에서 음식을 먹는 사람은 여행자들뿐이었다. 입에 물 한 방울 축이지 못하면서 주문한 차나 음식을 내오는 현지인들을 지켜봐야 하는 여행자들 역시 곤욕스럽긴 마찬가지다.

하루는 더위를 식히러 마을 안에 있는 모스크에 들어갔다. 모스크 안 중앙 홀은 남자들만의 공간이다. 이스탄불에서는 별로 개의치 않고 중앙 홀에 앉아 있곤 했다. 하지만 이 작은 시골마을에서는 왠지 여행자의 월권인 것 같아 여자들을 위한 별도 공간으로 자리를 옮겼다. 여자 세 명이 기도를 하러 와 있었다. 오고 가며 기념품 가게에서 마주쳤던 얼굴들이다. 그녀들은 나를 보자마자 모스크 한 구석에 마련되어 있는 치마와 스카프를 건넸다. 함께 의식에 참여하라는 듯이 한 손에는 묵주같이 생긴 목걸이 타스비흐를 쥐어주며 기도하는 법도 알려줬다. 나는 뒤편에 앉아 그녀들이 이마를 바닥에 닿도록 절을 하고 오른쪽 왼쪽을 번갈아 본 뒤 가슴에 손을 올렸다 내리고, 다시 절을 하고 무릎 꿇고 앉아 다리를 오른쪽, 왼쪽으로 포개는 일련의 기도 양식을 조용히 지켜보았다. 그녀들이 신과 나누는 내밀한 대화를 궁금해 하면서.

더위를 피할 길은 그다지 많지 않았다. 하루는 흐드를륵Hidirlik 언덕에 올라 커피 한잔을 마신 뒤 고원을 헤매고 다니다 협곡 아래 커다란 터키 국기를 발견했다. 깎아지른 듯한 두 개의 절벽 아래 위치한 어마어마한 규모의 카페였다. 그곳에는 마치 라마단을 피해 멀리 도망쳐온 듯한 젊은이들이 차를 마시며 데이트 중이었다. 계곡의 물소리를 들으며 해가 사그라지기를 기다렸다 마을로 돌아왔다. 해가 떨어지자 마을 사람들은 음식을 먹으며 활기를 찾기 시작했다.

샤프란볼루에서 이렇게 며칠을 보내고 났더니 더 이상 더위를 피해 숨을 곳이 없다는 생각이 들었다. 마침 미국 저널리스트 연수에 참석하느라 출국 전 얼굴도 보지 못했던 친구 영주에게서 연락이 왔다. 연수에서 만난 터키 친구, 귈센이 앙카라에 있으니 연락을 해 보라는 것이었다.

공중전화를 찾아 영주 친구 귈센에게 전화를 했다. 방송기자답게 상기된 하이 톤에 구슬 굴러가는 것 같이 기분 좋은 목소리였다. 앙카라에 오면 꼭 연락을 하란다. 인사치레였을지도 모르는

데, 나는 그 기회를 덥석 잡았다. "원래 여기서 카파도키아에 바로 갈 계획이었는데 너를 보러 앙카라에 갈게." 이틀 뒤 만날 장소와 시간을 정했다. 전화를 끊기 전에 덧붙였다. "근데, 나 너네 집에서 자도 되겠니?"

나는 그녀가 혼자 살고 있을 거라고 생각했다. 그러나 약속을 확인하는 메일을 한 번 더 주고받는 과정에서 그녀가 가족들과 함께 살고 있다는 사실을 알게 됐다. 혹시라도 일 때문에 늦게 되면 기다리지 말고 택시를 타고 집으로 바로 오라는 내용이었다. 그녀는 집 주소와 대략적인 택시요금을 안내해주며 집에서 엄마와 동생이 기다리고 있을 거라는 메시지를 덧붙였다. 가족들과 함께 살고 있을지도 모른다는 생각을 왜 못한 걸까. 그러고 보니 빈손인 것이 떠올랐다. 짐을 최소화하기 위해 한국에서 아무것도 챙겨오지 않았으니. 숙소 주인인 야스민에게 물었다.

"터키 가정집에 놀러 갈 계획인데 어떤 선물을 사 가는 게 좋을까요?"하자 그녀가 반색하며 일초의 망설임도 없이 답했다.
"로쿰! 터키쉬 딜라이트! 터키 사람들은 로쿰을 사랑하고, 샤프란볼루 로쿰은 터키에서도 최고로 쳐주니까!"

로쿰 2킬로그램을 샀다. 주인아저씨가 맛보라고 종류별로 싸주신 것만 한 봉지다. 설탕과 전분으로 만들어 견과류나 과즙으로 향과 맛을 더한 로쿰은 장미 맛, 레몬 맛, 피스타치오 맛, 헤이즐넛 맛 종류도 다양하다. 한입에 넣으니 인절미 같았던 식감이 젤리처럼 쫄깃쫄깃해지면서 입안 전체가 달달해진다. 내 짐만큼 무거운 로쿰을 들고 앙카라로 향한다. 함께 도미토리를 썼던 일본 커플 켄과 치히로와 앙카라까지 함께 했다. 세계 여행 중인 그들은 히타이트 제국의 수도 하투샤로 떠났다. 그들에게 봉지에 든 로쿰을 건네며 작별 인사를 나눴다. 그 긴 여행 중에도 흐트러지지 않고 이 무더운 날씨에 기원전 이천 년 역사 흔적을 찾아 떠나는 그들의 곧은 의지에 경의를 표하며. 나는 앙카라 귤센네 집으로 간다.

안녕, 무더운 날의 샤프란볼루!

가족으로의 초대

일 때문에 늦게 되면 집으로 바로 오라는 귤셴의 메일에 답했다. 혹시라도 내 넝마 패션에 가족들이 놀라지 않으면 좋겠다고. 앙카라에 도착해 그녀를 만나기로 한 시간까지 대략 서너 시간이 남았다. 나는 시내 번화가인 크즐라이Kızılay의 한 카페에 자리를 잡았다. 약속 장소인 쿠울루 공원과는 조금 떨어져 있었지만 잠시 배낭을 내려놓고 시간을 보내기에 좋아 보였다.

관광객은 거의 보이지 않는 터키의 수도 앙카라는 터키 공화국이 수립된 1923년 당시 3만 명에 불과했던 작은 도시였다. 그러나 현재는 5백만 명이 넘는, 터키에서 이스탄불 다음으로 인구가 많은 도시가 되었다. 구시가지 울루스Ulus 지역에는 과거 로마, 비잔틴, 오스만 제국 시대의 유적들이 남아있고, 내가 앉아있는 크즐라이를 중심으로 대사관, 관공서, 호텔, 쇼핑몰 같은 현대식 건물들이 유입되면

서 단기간에 눈부신 발전을 이뤘다.

쿰피르로 요기를 했다. 구운 감자에 버터를 넣고 으깬 뒤 콘 샐러드, 버섯, 올리브 등을 얹고 소스를 뿌려 먹는 터키 대표 간식이다. 카운터에 가방을 맡겨놓고 약속 장소를 미리 확인하기 위해 쿠울르 공원이 있는 투날르로 향했다. 쿠울르는 백조라는 뜻으로 공원 안에 있는 호수에서 실제 백조를 볼 수 있다. 이스탄불의 탁심 게지 공원으로 인한 반정부 시위가 한창일 때 앙카라의 쿠울르 공원에서도 연대 시위가 진행됐다고 한다. 이후 매일 밤 국민포럼이 열리기도 했던 곳이란다.

2킬로미터 남짓한 거리였는데 시내 구경을 하며 천천히 걸었더니 왕복 두 시간이 넘게 걸렸다. 약속 장소 변경이 가능하다면 배낭을

들고 서둘러 쿠울르 공원까지 되돌아가는 수고를 덜 수 있겠다 싶었다. 카페로 돌아온 나는 아이스커피를 주문하고 와이파이를 이용해 메일을 보냈다.

"우리가 만나려고 하는 장소가 이곳 맞니?(쿠울루 공원에 있는 남자 조각상 사진 삽입). 나는 지금 크즐라이의 한 카페에 있어(카페 사진 삽입). 혹시 이쪽으로 바로 올 수 있다면 여기서 만나면 좋겠어(주소 삽입). 그리고 내 얼굴을 모를테니… 자, 나 이렇게 생겼어(셀카 삽입)."

얼마 지나지 않아 이곳으로 오겠다는 답변을 받았다. 전화가 없어도 와이파이만 있으면 어디서도 가능한 실시간 대화. 스마트폰이 바꾼 여행 풍속이다.

귤셴이 오기 전에 화장실에 가 양치를 하고 땀에 젖은 얼굴을 한 번 더 씻어냈다. 자리에 돌아왔더니 그녀가 도착해 있었다. 나를 보자마자 환한 웃음으로 다가와 "멜하바!"를 외치며 내 양 볼에 입을 맞추었다. 물기 있는 얼굴과 손에 든 칫솔 때문에 얼굴을 붉혔는데, 귤셴은 자신의 인사에 당황한 줄 알고 터키식 인사법에 대해 설명해준다. 민소매에 선글라스를 끼고 다가온 그녀에게서 그녀의 웃음만큼이나 상큼한 바람 냄새가 났다.

우리는 자리를 옮겨 귤셴이 미리 예약해 놓은 로컬 레스토랑에서 저녁식사를 한 뒤 집으로 향했다. 내가 행색 타령을 해댄 탓인지, 집으로 가는 택시 안에서 귤센은 친구 이야기를 들려줬다.

"나에게 환경 운동을 하던 친구가 있어. 3년 전에 그녀는 정부의 일방적인 개발정책에 반대하는 도보 행진을 하면서 이즈미르에서 앙카라까지 한 달 동안 걸어온 적이 있어. 옷도 갈아입지 않고 거의 씻지도 못한 상태였지. 친구가 앙카라에 도착한 날, 나는 그녀를 우리 집으로 데리고 갔어. 그때 친구 몸에서는 정말 냄새가 났다니까. 집에 도착하자마자 우리 식구들은 그녀를 욕실로 밀어넣었어. 지금의 너는 너무 근사해. 우리 가족들 모두 너를 기다리고 있어. 그러니 괜한 걱정은 하지 않아도 돼."

집으로 들어가자 귤센의 엄마와 남동생은 나를 끌어안고 양 볼에 입을 맞추며 반겨줬다. 거실, 화장실, 주방 등 집에서 필요한 것들을 하나하나 설명해준 후 나를 방으로 안내했다. 엄마 방이었다. 엄마는 거실 소파로 잠자리를 옮기셨다. 극구 사양을 했으나 라마단이어서 밤에 활동을 많이 하기 때문에 그게 더 편하다며 끝내 방을 양보하셨다.

엄마는 편히 입을 옷으로 갈아입으라며 귤센 옷을 주시더니 내게 빨랫감을 달라고 하셨다. 마치 내가 집에서 가장 필요한 것이 무엇인지 꿰뚫어보고 있는 것처럼 양말부터 속옷까지 빼놓지 말고 모두 넣으라고 하셨다. 가방에 있는 옷가지 전부를 세탁기에 넣고, 샤워를 한 뒤 귤센의 옷으로 갈아입었다.

수줍게 샤프란볼루에서 사온 로쿰을 내밀고 베란다에 엄마, 귤센, 동생 바투와 함께 앉아 차이를 마셨다. 한낮의 무더위는 저만치 물러가고, 어둠과 함께 한 줄기 바람이 시원하게 불어왔다. 테이블 위에는 체리, 수박, 해바라기씨 같은 과일과 견과류가 한가득 올라와 있었다. 온 가족이 함께 둘러앉아 수박을 먹던 유년의 여름밤이 떠올랐다. 고등학교를 졸업하면서부터 떠나온 고향집 생각도 났다. 퇴근 후 엄마가 있는 집안 풍경이란 이런 것이구나! 화장을 지우고 파자마 차림새로 엄마와 딸이 나란히 앉아있는 모습에 나도 모르게 가슴이 뭉클해졌다. 따뜻한 환대 속에서 나도 가족이 된 기분이었다. 나는 귤센의 엄마를 '안네'라고 부르기 시작했다.

안네는 터키어로 엄마라는 뜻이다.

다음 생엔 달팽이로 태어날지 몰라

안네는 라마단 금식을 하고 있었다. 동생 바투는 낮에 일이 없는 날에만 가끔 금식을 한다고 했다. 리버럴한 무슬림이라고 자신을 소개하는 귤센은 금식을 하지 않았다. 보통 무슬림은 기도시간을 알리는 에잔 소리에 맞춰 동이 터오를 무렵, 정오를 넘긴 낮, 해가 기울기 시작할 때, 해가 진 직후, 잠들기 전 이렇게 다섯 번의 기도를 한다. 그리고 매주 금요일에는 모스크에 모여 예배를 드린다. 안네는 라마단을 지키고 매일 기도를 하지만 모스크에는 가끔 간다고 했고, 귤센은 신을 믿지만 매일 기도하지는 않는다고 했다. 터키는 헌법에 기초한 세속주의 국가라는 사실을 강조하며, 가족이지만 신앙의 형태는 다를 수 있다는 것을 귤센은 또랑또랑한 목소리로 자랑스럽게 이야기했다.

귤센과 나는 먼저 잠자리에 들었다. 잠결에 에잔이 울리기 전 마지막 식사를 나누고 있는 안네와 바투의 소리가 들려왔다. 화장실에 가려고 잠시 자리에서 일어났다. 새벽 3시 반 경, '알라 후 아크바르(알라는 위대하시다)'로 시작되는 첫 번째 에잔이 울려 퍼졌다. 안네는 성당에서 미사를 드릴 때 여자 신도들이 머리에 쓰는 미사보 같은 것을 머리에 두르고, 긴 치마를 입고 창가를 향해 기도를 했다. 방해하지 않기 위해 까치발을 들고 조용히 방문을 열고 들어와 다시 잠을 청했다.

출근하는 귤센이 조용히 방문을 열고 더 자라는 손짓과 눈인사를 보냈다. 새벽까지 깨어 있던 안네는 아침에 잠시 눈을 붙인 모양이다. 귤센도 출근하고 안네와 바투는 잠들어 있는 고요한 아침. 침대를 말끔히 정리해 놓고 방바닥에 누워 몸을 뒹굴뒹굴 굴려본다. 방바닥에 허리를 대본 것이 얼마 만인가. 나는 누워서 천상병의 시를 떠올렸다.

"누가 나에게 집을 사 주지 않겠는가? 하늘을 우러러 목 터지게 외친다. 들려다오 세계가 끝날 때까지… 나는 결혼식을 몇 주 전에 마쳤으니 어찌 이렇게 부르짖지 못하겠는가? 천상의 하나님은 미소로 들을 게다. 불란서의 아르투르 랭보 시인은 영국의 런던에서 짤막한 신문광고를 냈다. 누가 나를 남쪽 나라로 데려가지 않겠는가. 어떤 선장이 이것을 보고, 쾌히 상선에 실어 남쪽 나라로 실어 주었다. 그러니 거인처럼 부르짖는다. 집은 보물이다. 전 세계가 허물어져도 내 집은 남겠다…"
- 천상병, 귀천 〈내 집〉 中

랭보와 천상병, 두 남자 일생의 가장 절실했던 여행과 집! 그걸 동시에 꿈꾸는 나. 이러다 다음 생엔 달팽이로 태어나면 어쩌나. 나는 지혜의 여신 아테네가 집을 짓자 이동식 바퀴가 없어 여행할 때 어떻게 집을 들고 다니느냐고 불평하다 하늘에서 쫓겨난 불평의 신, 모모스가 이해가 되고 만다.

아무튼 여행 중 허리를 대고 스트레칭할 수 있는 한 뼘 방바닥이 그리웠던 것이다. 이런 인연을 소개해준 친구 영주에게도, 나의 급작스런 방문을 반겨준 귤센에게도, 먼 나라에서 온 이방인에게 침대까지 내주며 환대해준 안네에게도 감사한 마음뿐이다.

chapter 2 터키 가족을 만나다

영혼이 살찌는 소리

안네는 나를 위해 아침을 한상 차렸다. 라마단 단식 중이어서 입에 물 한 방울 대지 않는 걸 알기에, 나는 해가 지면 함께 먹겠다고 했다. 그러나 귤센과 바투 때문에라도 매일 상을 차려야 하고, 본인은 저녁 이후, 그리고 이른 새벽에 먹으면 되니 걱정하지 말라며 한사코 상을 차린다. 그러곤 흐뭇한 미소로 내가 먹는 것을 바라본다. 이쯤 되니 어쩔 수 없다. 나는 잘 먹는 것으로 보답하기로 한다. 하룻밤 묵어갈 손님으로 와서 마치 한 식구인 양 떠날 생각을 하지 않고 있는 내 마음을 아는지 귤센은 얼마든지 편하게 머물다 가라고 한다. 그러자 안네는 여행하지 말고 함께 살자고 덧붙인다.

귤센이 출근하고 바투가 친구를 만나러 나가면 나는 안네와 단둘이 남는다. 언어는 통하지 않지만 우리가 함께 하는 데는 아무런 문제가 되지 않는다. 안네와 장을 보고, 안네의 커피를 마시고, 안네의 음식을 먹고, 안네와 앉아 하늘을 바라보고, 내 아이폰 속 여행 사진과 가족사진을 함께 들여다본다. 창밖으로는 베란다에서 빨래를 널고, 책을 보고, 차를 마시는 이웃들의 모습을 볼 수 있다. 이스탄불 같은 신비로운 스카이라인은 아니지만 관광객을 의식하지 않고 본연의 호흡으로 살아가는 현지인들의 모습이 정감 있게 느껴진다. 나는 안네의 손길과 취향이 만들어낸 거실, 안네의 방, 귤센의 방, 그리고 주방과 베란다를 오가는 것만으로도 먼 여행을 떠나온 것 같다.

바투가 걱정이 되었는지 외출하면서 내 아이폰에서 구글 음성 번역 앱을 실행시켜 놓고 나갔다. 타이핑할 필요도 없이 소리만으로 터키어와 영어가 서로 번역되었다. 그러나 그것도 잠시, 우리는 번역 앱을 들여다보는 것보다 언어가 달라도 서로의 눈을 바라보고 하는 이야기가 훨씬 더 많은 것을 주고받을 수 있다는 사실을 깨닫는다. 나는 안네가 자주 쓰는 어휘를 꽤 빠른 속도로 습득해갔다. '예멕'이 나오면 뭐 먹을래? '이취멕'이 나오면 뭐 마실래? '악삼'이 나오면 저녁에 먹을게! 이런 식으로 이해를 했다. 뿐만 아니라 내 막내 조카 시은이의 사진 속 얼굴을 보며 뽀뽀를 하는 안네의 표정에서는 '아, 깨물어주고 싶어.'라는 음성마저 선명하게 들리는 것 같았다.

해가 떨어지면 안네의 금식이 해제되고, 귤센이 집으로 돌아오면서 집안 분위기는 한층 활기를 띤다. 귤센의 얼굴엔 언제나 생기가 넘쳤다. 일이 끝나면 피로와 짜증이 가득한 얼굴로 집으로 들어오던 나는, 퇴근 후에도 사람이 이렇게 싱그럽게 웃을 수 있다는 사실이 놀라울 정도였다. 공부하는 바투, 집안 살림을 돌보는 안네. 분명 귤센이 집안의 경제활동을 담당하고 있을 텐데 그녀는 일의 고충과 피로를 가족 앞에 쉬이 드러내지 않았다.

귤센의 집에 며칠 머물다 보니 입이 완전 트였다. 언어가 트인 것이 아니라 음식 말이다. 풍부한 식재료와 향신료를 가미한 터키 요리는 프랑스, 중국 요리와 함께 세계 3대 요리로 꼽힌다고 한다. 그동안 너무 덥고 힘들어서 입맛이 없었는데, 안네가 주는 음식들을 먹다보니 안 먹어본 터키 음식이 없을 정도였다. 귤센과 안네는 자신들 배를 가리키며, 터키 여자들은 배에 '시미트' 하나씩은 끼고 있다며 나에게도 하나 만들어주겠다고 장난스레 말하곤 했다. 이렇게 먹고도 시미트가 생기지 않길 바랄 수는 없는 노릇이었다. 시미트는 베이글 모양으로 생긴 터키 빵인데, 뱃살을 가리켜 하는 말이다.

안네의 아침상에는 빵과 함께 다양한 종류의 치즈, 올리브, 꿀, 과일, 아이란(터키 요구르트) 등이 올라와 있었다. 특히 고춧가루 같은 양념장을 올린 달걀프라이는 완전 별미다. 해가 지고 난 뒤 귤센, 바투, 안네와 함께 둘러앉아 먹는 저녁은 더욱 풍성했다. 피망 안에 쌀과 다진 고기를 넣고 찐 '비베르 도르마', 요구르트 소스를 얹은 꼬마 만두 '만트', 갈은 고기를 동그랑땡처럼 구운 '쾨프테', 닭날개구이 등 종류도 다양했다. 금식은 안네가 했는데, 며칠 굶은 사람처럼 그릇을 비워대기 바쁜 건 나와 귤센이다. 안네는 언제나 '맛있게 먹어.'라는 뜻의 "아피엣 올순"을 외치고, 나는 '잘 먹었습니다.'라는 뜻의 "엘리니제 사을륵." 인사를 한다. 이쯤 되면 시미트 만들어지는 소리와 함께 영혼까지 살찌는 소리가 들려온다.

문득 귤센을 소개해준 친구 영주와의 여행이 떠올랐다. 벌써 5년 전, 장기여행을 할 때 내가 오래 머물던 치앙마이로 일주일 동안 휴가를 왔던 그녀. 혹시나 친구에게 로컬음식이 안 맞을까 봐 동네 고급 레스토랑 답사까지 마쳤는데 시장 안에서 파는 현지음식을 어찌나 맛있게 먹어대던지. 사실 그 장면은 나에게 어떤 감동으로 남아 있다. 나에게는 가족같이 지내는 치앙마이 친구들이 있는데, 그 친구들 역시 나만큼이나 영주의 방문을 진심으로 반겨줬다. 그러고 보니 우리는 이제 치앙마이와 터키 친구들까지 함께 나눈 사이가 된 것이다. 영주의 친구인 귤센네 집에 머무는 동안 우리의 대화 속엔 언제나 영주가 있었고, 나는 내내 영주와 함께 여행하는 기분이었다.

자연을 지키는 사람들의 대행진

주말이 되어 귤셴과 함께 앙카라 성을 찾았다. 귤셴과 둘이 가겠구나 싶었는데, 안네와도 함께였다. 둘이 나가길 바랐던 것이 아니었다. 단지 친구가 집에 오면 엄마가 해주시던 음식을 잘 먹고 놀다가도 외출할 때는 친구와 따로 나가는 것을 그동안 당연하게 여겨왔기 때문이다. 순간 엄마와 안네 모두에게 미안한 마음이 일었다.

시내가 한눈에 내려다보이는 앙카라 성을 둘러본 뒤 카펫과 앤티크 숍들이 있는 전통거리로 향했다. 서울의 인사동 같은 곳이다. 거리는 주말 나들이 나온 현지인들로 붐볐다. 잠시 후 귤셴 친구 제렌이 합류했다. 도보 행진으로 이즈미르에서 앙카라까지 걸어왔다는 그 친구다. 핑크빛 티셔츠를 입고 화려한 액세서리에 숏커트를 한 모습이 인상적이었다. 제렌은 이즈미르 출신인데, 이즈미르는 선거 때마다 야당이 우세인 지역으로 진보적이고 개방적인 도시로 꼽힌단다. 귈센은 당시 도보 행진하던 제렌을 인터뷰했고, 그 내용은 생방송 뉴스로 전해졌다고 한다. "네가 사회운동을 하면 내가 인터뷰할게."라며 대학시절 기자 준비를 하면서 꿈꾸듯 해 오던 이야기가 현실이 되는 순간이었다고 둘은 웃으며 말했다.

제렌이 들려준 도보 행진 이야기는 이렇다. 대행진 계획은 2011년 2월, 온라인을 달군 '아나톨리아의 반란 The Revolt of Anatolia'이라는 영상에서 시작되었다. 이 영상은 터키 정부가 2023년까지 4천 개의 수력발전소와 댐을 건설하겠다는 계획을 발표한 뒤 공사를 강행하면서 생명력 넘치던 아나톨리아의 산과 계곡이 어떻게 절단났는지, 그리고 자연과 어울려 살던 주민의 삶도 어떻게 함께 무너져 갔는지를 보여주고 있다.

정부는 에너지 공급 문제를 '쓸데없이 흐르는 물'에서 찾았던 것이다. 문제는 국내외 은행이 채권발행을 보증하고, 정부에서는 발전된 전기를 구입할 것을 약속하면서부터였다. 이 솔깃한 제안에 다양한 분야의 투자자들이 몰려들면서 아나톨리아 반도 내의 실개천까지 모조리 파헤쳐지게 된 것이다. 최소한의 생명줄마저 빼앗긴 이 땅의 주민들은 정부를 향해 "물이 쓸데없이 흐르는 것이라면, 우리의 혈관을 따라 흐르는 피도 쓸데없이 흐르는 것이냐!"고 되물으며 절규했다.

터키의 역사와 문화, 그리고 다양한 생명체를 품고 있는 아나톨리아 자연을 포기할 수 없다는 메시지를 담은 이 영상은 젊은이들 사이에서 큰 반향을 불러일으켰다. 터키 전역에서 모여든 젊은이들은 온라인으로 소통하며 아나톨리아 대행진을 기획하기에 이르렀다. '아나톨리아를 포기하지 않겠다Anadolu'yu vermeyeceğiz!'는 슬로건 아래 하산케이프, 메르신, 아르트빈 등 7개 지역에서 총 11개의 카라반 대열이 꾸려졌다. 이들은 2011년 5월 22일 앙카라에서 동시에 만나기로 하고, 각 지역에서 보도 행진을 시작했다. 제렌은 에게안 카라반 소속으로 4월 17일 이즈미르를 출발했다. 과연 유목민의 후예요, 동서양 대상들이 걸어 이동하던 실크로드 본고장다운 발상이다.

카라반은 마을을 지날 때마다 시장과 마을회관을 찾아 행진의 취지를 알리고, 마을 사람들의 의견을 모았다. 많은 주민들이 그들의 행진을 지지하고 반겼으며, 일부는 직접 행진에 동참하기 시작하면서 행진단의 규모는 날이 갈수록 커져 갔다. 한 중년 부인은 '비'와 '구름'이라고 이름 붙인 낙타 두 마리와 함께 행진에 합류했다. 이 운동은 리더가 따로 없는 자발적인 움직임이었는데, 기자들이 이 운동의 리더가 누구냐고 물을 때마다 행진단은 '비'와 '구름'이라고 답하며 낙타를 가리키곤 했다고 한다.

그러나 한 달여 간의 대행진은 집결지인 앙카라를 눈앞에 두고 경찰들의 무력 진압으로 시내 진입이 좌초됐다. 카라반 대열은 시 외곽에 텐트를 치고 앙카라 진입까지 16일 동안 야영 생활을 해야만 했다. 한 달 도보 행진과 보름 동안 이어진 야영으로 행진단은 지쳐 갔고, 언론이 주목하는 가운데 일부 인사들이 유명세를 타면서 운동의 성격이 변질되기도 했다.

정부의 댐 건설 정책을 막을 수는 없었지만 아나톨리아 대행진 이후 많은 사람들이 터키의 문화와 역사 그리고 자연의 소중함에 대해 자각하기 시작했고, 정부의 일방적인 정책에 반대 목소리를 내기 시작했다고 한다. 실제로 이 운동의 불씨는 꺼지지 않고 2년 후 이스탄불 탁심 게지 공원 개발에 반대하는 범국민 반정부 시위로 이어졌다는 점을 제렌은 가장 높게 평가하고 있었다.

"처음에 우리는 매일 30킬로미터를 걸으며 밤마다 길 위에 텐트를 칠 계획이었는데, 지나는 곳마다 마을 사람들이 먹여주고 재워주는 덕분에 텐트는 거의 사용할 일이 없었어. 전혀 예상치 못한 반응이었어. 나는 아나톨리아 사람들을 정말 사랑하게 됐어. 그리고 사람은 돈이 없어도 살 수 있다는 것을 배우게 됐지. 돈보다 내 손에 어떤 구호가 들려 있는지, 내 가슴 속에 어떤 생각을 품고 있는지가 더 중요하다는 것을 말이야. 물론 얻은 건 이것뿐만이 아니었어. 마을 사람들 성의 때문에 그들이 주는 음식을 거절할 수가 없었거든. 결국 한 달 동안 780킬로미터를 걷고도 몸무게가 무려 5킬로그램이나 늘어난 거 있지."

현재 직장 생활을 하고 있는 제렌은 그래도 그때가 가장 가슴 뛰고 의미 있는 시간이었다고 회상했다. 아나톨리아 대행진은 이후 다큐로 만들어져 여러 국제필름페스티벌에서 상영되며 국제적인 이슈가 되었다고 한다.

나는 단지 여행자일 뿐인데 귤센은 나를 보고 제렌을 떠올렸다고 했다. 귤센의 청에 한 걸음에 달려온 제렌은 나를 보고 마치 동지라도 만난 것처럼 자신의 이야기를 들려줬다. 그녀들은 한국 사회의 '속도'와 '경생'을 뒤로 하고 떠나온 나의 여정을 용기 있는 결단과 주체적인 삶의 자세로, 그리고 자신들과 뜻을 함께 하는 발걸음의 하나로 이해하고 있었던 것이다. 그녀들의 응원을 마음으로 느낄 수 있었다.

저녁식사 시간이 다 되어 식당을 찾아 나섰다. 바투도 함께 했다. 거리는 대목이라도 맞은 듯 붐볐다. 라마단 금식이 끝나고 해가 지기를 기다리는 손님들이 식당마다 테이블을 차지하고 있었다. 식당 입구에는 라마단 세트메뉴가 적혀 있었다. 단품으로 주문을 하려 하자 세트메뉴만 가능하단다. 가는 곳마다 사정은 마찬가지였다. 결국 택시를 타고 안네와 귤센이 즐겨 찾던 식당으로 장소를 옮겼다. 안네는 라마단마저 상술에 이용되고 있는 상황을 안타까워했다.

해가 지고 기도시간을 알리는 에잔이 울려 퍼지자 사람들은 일제히 낮은 목소리로 기도를 하고 물을 한 모금 마신 뒤 음식을 먹기 시작했다. 안네는 물로 목을 축인 뒤 담배를 꺼내 물고 천천히 연기를 뱉었다. 음식보다 금연이 더 곤욕스러웠다는 듯이. 식당 가득 앉아 있던 사람들이 일제히 물을 꼴깍 넘기는 그 짧은 순간 눈물이 날 것 같았다. 우선시하는 가치를 위해 욕구를 다스리는 모든 행위에는 신성이 깃들어 있다.

안네의 커피

일요일 아침, 바투의 친구도 놀러와 다함께 식탁에 둘러앉았다. 우리가 먹는 동안 지켜보기만 하던 안네는 식사를 끝내자 이번에는 "차이 줄까, 커피 줄까?"라고 묻는다.

"안네, 나 터키쉬 카흐베 주세요." 안네에게 터키식 커피를 부탁한다. 안네는 체즈베(손잡이가 달린 작은 냄비 형태의 도구)를 꺼내 커피 두 스푼, 설탕 두 스푼, 물 한 컵을 넣고 커피를 끓인다. '끓인다'라기보다 '달인다'라는 표현이 더 걸맞다. 작은 커피 잔 옆에 물한 잔과 로쿰을 한 세트로 내주신다. 과연 '지옥처럼 검고, 죽음처럼 진하고, 사랑처럼 달콤'하다.

터키에서는 결혼 전 시댁 어른들 앞에서 커피를 끓이는 풍습이 있다. 커피를 잘 끓이면 살림을 잘하는 좋은 신붓감으로 인정을 받는다는 것이다. 나도 어려서 친척들이 오면 커피 심부름을 하던 기억이 있다. 웃풍이 심한 시골집이라 잔을 먼저 데우는 것이 나만의 룰이었다.

어렸을 적 이야기를 하나 더 하자면 나는 점을 보지 않지만 어려서부터 내가 타고난 운명이 어떤 것일지 대략 알 것 같았다. 산파가 나를 받으며 했다는 이야기, 고등학교 때 매점 할머니가 내 손을 덥석 잡고 봐준 손금 이야기만 해도 한결 같았다. 일찍 시집가지 말라는 것! 자유롭게 살아야 하는 팔자라나. 그래서인지 우리 엄마는 내가 결혼하지 않는 걸 타박하신 일이 없다. 물론 내 나이 딱 서른까지였지만.

안네가 커피 끓이는 동안 찍은 동영상에는 놀라운 이야기가 함께 담겼다. 내가 오기 일주일 전 안네는 고향집을 방문했는데, 거기에서 만난 한 점쟁이가 안네에게 동양에서 귀한 손님이 집으로 찾아올 거라고 말했단다. 그리고 며칠 뒤 거짓말처럼 내가 귤센에게 전화를 했다는 것이다.

나는 카흐베를 금세 비우고 안네에게 커피 점을 쳐달라고 했다. 터키에서는 커피를 마시고 남은 커피가루 모양을 보며 운세를 점친다. 안네는 내가 마신 커피 잔을 컵받침에 대고 뒤집은 뒤 커피 잔과 컵받침에 남은 커피가루 모양을 살피며 점괘를 읽어줬다.

"네 앞에 많은 길이 있어. 그 길 위에서 만나는 사람들마다 너를 반기며 안아줄 거야. 네 주위에는 언제나 좋은 사람들로 가득해. 여행이 끝나면 다시 널 기다리는 사람들 품으로 돌아가게 될 거야. 모든 일이 잘 풀릴 거니까 아무 걱정하지 마."

알고 있다. 단순히 점괘를 읽은 것이 아니라 안네의 마음을 담은 축복의 메시지라는 것을. 한 주가 시작되는 월요일, 카파도키아로 떠나기로 했다. 출근길 작별 인사를 나눴던 귤센이 점심시간에 다시 집으로 돌아왔다. 갑자기 국회 출입 일정이 생겨 정장으로 옷을 갈아입기 위해서였다. 아침에 힘겹게 석별의 정을 나눴지만 우리는 또 다시 끌어안고 양 볼에 키스하고, 다음에 꼭 만나자며 인사를 나눴다. 나는 잠시 기다리라고 한 뒤 입고 있던 꽃무늬 집시치마를 벗어주었다. 귤센은 결국 울음을 터트렸다.

안네는 떠나는 나에게 분홍색과 자주색 양말 두 켤레, 신축성 좋은 레깅스 한 장, 머리에 쓰는 스카프 한 장과 머플러를 챙겨주었다. 짐을 늘리지 않겠다는 나를 최대한 배려한 선물이었다.

언젠가 홍대 '이심' 카페에서 보았던 글귀가 떠올랐다. '누군가 커피를 대접하면, 그 커다란 선물에 대해 40년 동안 존경하고 경외하며 기억해야 한다.'는 터키 속담이었다. 그 속담이 아니더라도 안네가 정성스레 달여준 커피와 축복의 기도, 그리고 함께 한 모든 시간들을 절대 잊을 수 없을 거다. 평생토록 기억하고 간직할게요.

테쉬퀘레 에데렘 안네(감사합니다 엄마)!

chapter 2 터키 가족을 만나다

Chapter 3
터키 더 깊숙이

혼자 하는 여행은 분명 외롭다. 낯선 상황에서 내려야 할 판단도, 좋은 풍경을 대할 때의 감동도 오롯이 내 몫이기 때문이다. 그러나 그 외로움에 대한 보상처럼 새로운 인연들이 찾아든다. 어쩌면 혼자 하는 여행이야말로 '만남'이 가장 풍성해지는 지름길인지도 모르겠다.

비키니 위에 원피스와 선글라스 하나 걸치고, 비치 타월과 읽을거리 하나 챙겨 들고
해변에 나가 수영하고, 해변 위에 누워있던 나날들은 여행 내내 한 달가량 이어졌다.
내 인생에 이렇게 강렬하고도 단조로운 여름은 두 번 다시 찾아오지 않을지 모른다.

정복당한 카파도키아

여행자들이 가장 인상적인 장소로 꼽는 카파도키아는 만화 〈스머프〉와 영화 〈스타워즈〉의 배경이 되면서 그 유명세를 더한 곳이다. 수백만 년 전 에르지예스Erciyes 산에서 분출된 용암으로 응회암 지대가 형성되었고, 오랜 세월 풍화와 침식을 거쳐 오늘날 기암괴석과 같은 독특한 지형이 만들어졌다. 화산재가 굳어 만들어진 응회암은 쉽게 구멍을 낼 수 있을 만큼 부드럽다. 카파도키아 일대의 바위는 더위와 추위를 피하기 위한 주거 공간이자 핍박을 피하기 위한 교회와 수도원 등으로 활용되어 왔다. 카파도키아는 장엄한 자연 풍광과 역사의 흔적을 찾아 나선 전 세계 여행객의 발걸음이 끊이지 않는 터키 최대 관광지다.

카파도키아에서 묵을 게스트하우스는 오픈한 지 한 달 남짓한 동굴숙소였다. 예약사이트 평가는 최상위권인데 가격은 가장 낮았다. 예약을 하자마자 안내 메일이 도착했다. 한글이었다. '안녕하세요, 한국 여행자 여러분!'으로 시작해 '원활한 열기구 투어를 위해 이스탄불 등지에서 미리 예약을 하지 말고 와 달라.'는 내용이었다. 메일에 사용된 어휘가 수준급이었다. 한국 여행자들이 벌써 다녀갔을 거라는 생각은 못 했는데, 한 달 사이에 이정도 안내문을 써줄 정도로 한국 여행자들과도 친분을 쌓았나 보다.

버스가 카파도키아의 작은 마을 괴레메에 도착하자 마치 수학여행지처럼 온 동네가 관광객들로 들썩였다. 픽업 나온 게스트하우스 주인장은 나를 보자마자 한국말로 "안녕! 예쁘다. 어디에서 왔어?"라며 인사를 했다. 한국말을 쓰는 현지인을 보면 예의 환호와 탄성을 쏟아낼 거라는 상대방의 반응까지 미리 계산에 깔고 있는 듯한 태도였다. 나는 "멜하바! 아, 그리고 '안녕'이 아니고 '안녕하세요.'라고 하는 거예요. 우리는 지금 처음 만난 사이니까요."라고 볼멘소리로 한마디 했다.

체크인을 마치자 이번에는 지도를 보여주며 투어 설명에 열심이다. 레드 투어, 그린 투어, 로즈밸리 투어, 벌룬 투어, 호스 라이딩 투어 등 지도 한가득 줄긋고 색깔 칠하고, 길마다 투어 이름을 붙여놨다. 아, 카파도키아는 정말 '투어리스틱'하다. 기암지대 규모는 방대하고 대중교통은 여의치 않기 때문에 뜨거운 한여름에 카파도키아 일대를 자체적으로 둘러본다는 것은 사실 쉬운 일이 아니다. 투어 프로그램은 충분히 합리적인 대안이 될 수 있다. 짐짓 '나는 관광객과 다른 여행자야.'하는 사람들이 가장 많이 쓰는 부정적인 표현 중 하나가 바로 '투어리스틱하다'는 것이다. 그래봤자 나도 관광객 중 하나면서 괜히 '삐딱선'이다. '어떤 투어 프로그램에도 참여하지 않겠어!' 마음 먹는다.

다음날 제미밸리를 걷고 해가 질 무렵 괴레메 마을 언덕에 올라 선셋을 보는데 한 사내가 다가왔다. 그는 언덕 근처 호텔 주인으로, 이름만 대면 다 아는 동네 터줏대감이라고 자신을 소개했다. 다음날 영화를 찍는데 엑스트라가 필요하다며 공짜 열기구를 태워주겠단다. 극 중 주인공이 터키 여행가이드이고, 열기구에 탑승한 관광객 엑스트라가 필요하다는 것이다. 열기구 투어는 150유로 상당이다. 옆자리에 앉아 있던 스페인 커플과 반신반의하면서도 마음 한

편으론 솔깃해 했다. 혹시나 미심쩍으면 함께 돌아오기로 하고, 우리는 다음날 새벽 네 시, 골목 어귀에서 만나기로 했다. 그러나 다음날 아침 눈을 떠보니 이미 약속 시간이 지나 있었다. 잠시 난감해하다 일찍 일어난 김에 일출을 볼 요량으로 언덕에 올랐다. 아직 어둠에서 깨어나지 않은 카파도키아의 풍광은 신비로웠다. 조용한 대지 위에 분홍빛 기운이 번지더니 서서히 동이 터 오르기 시작했다. 그와 동시에 수십 개에 달하는 열기구가 공중으로 떠올랐다. 풍선처럼 두둥실 날아 마을 위로 이동하는 풍경이 장관을 이뤘다.

스페인 커플을 기다리게 했을까 봐 마음이 불편했는데 마을이 좁다보니 반나절 만에 우연히 마주쳤다. 그들은 정말로 공짜 열기구를 탔다고 했다. 그런데 하루 종일 엑스트라로 따라다녀야 한다기에 열기구만 타고 빠져 나왔고, 사내는 화를 냈단다. 그날 저녁도 선셋을 보러 언덕에 올랐는데, 그 사내를 또 만났다. 엑스트라로 출연한 또 다른 뉴질랜드 커플과 함께 있었다. 그는 나를 가리키며 "얘가 나를 못 믿고 오늘 안 나왔어. 그리고 얘 친구들은 열기구만 타고 내뺐어."라며 웃음거리로 만들었다. 그러더니 서양인은 많은데 동양인 엑스트라가 부족하다며 내일 촬영장에 나와 줄 수 있냐고 다시 물었다. 이번에는 단호하게 거절했다.

카파도키아의 유명세에 휘둘리지 않고 나만의 페이스를 지키기로 했다. 괴레메 야외박물관에서 만난 기독교 유적은 정말 대단했

다. 동굴 교회 벽면과 천장에는 마구간에서 태어난 예수, 병든 자를 고치는 예수, 십자가에 못 박혀 죽은 예수 등 그의 일대기가 그려진 프레스코화로 가득했다. 가장 낮은 곳으로 오셨던 예수, 기독교 구원의 본질에 대해 생각하게 했다.

혼자 저녁을 먹으며 하루를 마무리하고 있는데 옆 자리에 앉은 핀란드 부부가 주변 투어를 함께 하자는 제안을 해왔다. 이튿날 그들이 빌린 차를 얻어 타고 젤베 야외박물관과 차우신 일대를 돌았다. 시간과 바람이 빚어낸 바위에 구멍을 내어 주거공간과 수도원으로 사용했던 흔적들을 들여다보고 있자니 자연의 곡선을 사랑한 두 건축가가 떠올랐다. '직선은 인간의 선이고 곡선은 신의 선이다.'라고 한 안토니오 가우디와 '직선은 부도덕하며 인간성의 상실로 이어진다.'고 한 프리덴슈라이히 훈데르트바서. 아이스크림이 녹아내리는 것 같은 모양의 바위집은 '신의 선' 만큼이나 우아한 동시에 너무나 인간적이었다. 주어진 환경에 깃들어 자연과 조화롭게 살았을 카파도키아 사람들의 지혜롭고 소박한 삶을 머릿속으로 그려보았다.

하루는 지하 도시를 보기 위해 네브쉐히르를 거쳐 버스를 두 번 갈아타고 데린구유에 갔다. 이번에는 지하 동굴 안에서 이탈리아 커플을 만났다. 둘 다 배구선수로 체구가 좋았다. 일본 문화를 좋아한다는 남자의 팔뚝에는 붓다와 벚꽃 문양의 타투가 새겨져 있었다. 그들도 렌터카로 움직이고 있었는데, 주변을 좀 더 돌아본 뒤 괴레메로 돌아갈 계획이니 같이 가는 것이 어떻겠냐고 물어왔다. 버스를 두 번 갈아타고 괴레메 숙소로 돌아갈 일정밖에 없던 나는 흔쾌히 응했다.

혼자 하는 여행은 분명 외롭다. 낯선 상황에서 내려야 할 판단도, 좋은 풍경을 대할 때의 감동도 오롯이 내 몫이기 때문이다. 그러나 그 외로움에 대한 보상처럼 새로운 인연들이 찾아든다. 어쩌면 혼자 하는 여행이야말로 '만남'이 가장 풍성해지는 지름길인지도 모르겠다. 함께 돌아본 카파도키아의 풍광은 정말 아름다웠다. 귀젤유르트Guzelyurt와 셀리메Seleme 등지에 매료되었다. 모래바람이 부는 언덕에 서니 '괴레메가 관광객들에 의해 침략받기 전의 모습도 이렇게 경이로웠겠구나.' 싶었다.

게스트하우스에 돌아오니 운영을 돕던 여행자 스텝 한 명이 다시 여행길에 오른다며 그녀를 위한 작은 파티가 열리고 있었다. 숙소 사람들과 둘러앉아 이런 저런 이야기를 주고받는 가운데 낮에 본 으흐랄라 계곡과 귀젤유르트 일대가 너무 아름다웠다고 말했다. 그러자 주인장이 "그런데 거기는 어떻게 갔어?", "차도 없이 뭐 타고 갔어?", "누구랑 갔어?", "그 사람들은 어떻게 만났어?"와 같은 질문을 쏟아냈다. 다소 공격적으로 느껴질 정도였다. 게스트하우스 숙박 요금을 낮게 책정한 대신 투어 프로그램 연계로 수익을 내는 구조라는 것을 뒤늦게야 눈치챈 것이다. '미안해요. 하지만 자연과

시간이 만들어낸 이렇게 아름다운 풍광을 사람들 사이에서 쫓기듯 구경할 수는 없는 노릇이잖아요!'

카파도키아에서 장삿속으로 대하는 사람들만 만난 것은 아니었다. 앙카라에서 귤센에게 치마를 벗어주고 왔기 때문에 옷 한 벌을 살 기회가 생겼고, 마침 예쁜 옷가게를 발견했다. 히피스타일에 터키 민속 문양의 컬러와 디테일이 더해져 독특한 멋이 느껴지는 옷가지와 소품으로 가득했다.

"제가 이런 스타일을 좋아해서 여행을 다닐 때마다 정말 많은 옷가게들을 봐 왔어요. 그런데 그중에서 이 가게가 최고인 거 같아요. 하나하나 어쩜 이렇게 예쁠 수 있어요?"

진심이었다. 가게 주인 여자는 친어머니로 보이는 할머니와 매일 가게를 지키고 있었다. 주인장은 할머니에게 내가 한 말을 설명해줬고, 내 얘기를 전해들은 할머니는 몹시 기뻐하셨다. 그러더니 창고에서 옷 하나를 들고 와서 입어보라고 권하셨다. 올이 하나 나갔지만 나에게 잘 어울릴 것 같아 선물로 주고 싶다는 것이었다. 괜찮다고 사양했더니 안에 받쳐 입는 옷이 면 소재로 되어 있으니 마음에 들지 않으면 잘 때 입고 자라며 손에 쥐어주셨다. 물론 나도 오고가는 길에 몇 차례 들러 할머니께 작은 선물로 보답했지만 할머니의 마음을 갚을 길은 없었다. 그 옷을 예쁘게 차려입고 깜짝 방문하는 일 외에는!

빙글빙글 신을 만나러 가는 길

 하얀 가운을 입은 수피sufi들이 단체로 빙글빙글 도는 영상은 하얀 접시꽃이 만개한 것처럼 신비로웠다. 몇 해 전 인터넷으로 보았던 수피 춤의 여운이 가시지 않은 탓인지 나는 어느새 수피 춤이 시작된 콘야행 버스에 몸을 실었다.

 수피는 이슬람 신비주의자 또는 신비주의(수피즘) 사상가를 말한다. 아랍어로 양모羊毛를 뜻하는 '수프'에서 유래한 말로, 이들이 금욕과 청빈을 상징하는 하얀 양모를 걸치고 생활했기 때문에 붙여진 이름이라고 한다. 이슬람 신비주의 사상가 메블라나 잘라루딘 루미는 셀주크 제국 시대에 지금의 아프가니스탄 발흐에서 태어났으나 몽골 군대의 침공을 피해 고향을 떠나 몇 년 동안 방랑생활을 하다 1229년 술탄의 청으로 당시 룸 셀주크의 수도였던 콘야에 정착하게 된다. 루미는 율법보다 사랑과 체험을 강조했는데, 신을 만나기 위

한 방법으로 회전하는 수피 춤을 만들었다. 이후 루미의 제자들에 의해 세워진 메블라나 교단의 종교의식인 '세마Sema'를 거행할 때 추는 춤으로 제정되면서 세마춤이라고도 불린다. 아나톨리아 고원 중앙에 위치한 콘야는 메블라나 교단의 발상지로, 메블라나 문화센터에서 매주 토요일마다 세마 의식이 진행된다.

카파도키아에서 콘야로 가는 사람은 나와 미국 청년 크리스 두 명 뿐이다. 크리스는 공항 유리 건설 현장 매니저로 세계 모든 공항이 그의 작업 현장이다. 지금은 아부다비에서 2년째 근무 중이란다. 아부다비 여름은 너무 덥고 라마단에는 아무도 일을 하지 않아 자체 휴가를 내고 두 달째 유럽과 터키를 여행 중이라고 했다. 우리 사회도 매해 두 달 휴가가 가능하다면 여행 때문에 사표를 낼 궁리를 하지는 않을 거라는 생각이 먼저 들었다.

해가 중천에 있을 때 콘야에 도착한 우리는 터미널에 가방을 맡겨 놓고 메블라나 박물관을 둘러본 뒤 세마 공연이 시작되는 밤 시간까지 느긋하게 시내를 배회했다. 숙박은 하지 않았다. 세마 의식을 보는 것이 콘야를 찾은 유일한 이유였으니까.

뇌리에 각인된 또 하나의 이슬람 수피 춤 영상이 있다. 토니 갓리프의 영화 〈추방된 사람들Exils〉의 한 장면이다. 영화는 알제리계 프랑스 남녀가 정체성을 찾아 프랑스, 스페인, 모로코를 거쳐 알제리로 향하는 길을 담았다. 아프리카 땅을 벗어나려는 이주민과 난민 무리를 역행하며 다다른 알제리에서 이들은 작은 마을의 수피 의식에 초대된다. 카메라는 일정한 리듬 속에서 몸을 흔들다가 그 움직임이 격렬해지면서 무아지경에 이르는 여주인공의 모습을 롱 테이크로 잡아낸다. 자신의 과거와 상처, 그리고 뿌리와 마주하는 강렬한 영상이었다. 우아한 터키의 수피 춤과는 달랐지만 이슬람 신비주의에 대한 호기심이 싹튼 순간이었다. '낯선 땅'의 '낯선 종교'이지만 그것은 우리나라 씻김굿과 닮아 있었다.

해가 지고 청중이 모여들자 원형체육관 같이 생긴 실내 무대에 조명이 깔렸다. 이어 피리 불고 북치는 소리가 관내에 울려 퍼졌다. '춤추는 수피'들이 검은 망토에 긴 갈색 모자를 쓴 채 한 명씩 등장하면서 무대 위 지도자의 손에 입을 맞췄다. 잠시 후 망토를 벗은 후 고개를 오른쪽으로 까딱 누인 채 천천히 돌기 시작한다. 동그랗게 펼쳐진 하얀 가운의 나부낌이 나비의 날갯짓 같다. 모양과 속도는 조금씩 달랐지만 스무 명 가까이 되는 춤추는 수피의 움직임은 하나의 큰 물결을 이뤘다.

의식은 한 시간 반이 넘게 이어졌다. 자기에서 벗어나 신과 하나가 되고자 하는 수련이자 명상법이다. 의식은 상징으로 가득하다. 흰 수의는 자아의 죽음을 상징하고, 긴 갈색 모자는 자신의 묘비를 상징한다. 지축에 가깝게 살짝 기운 각도로 회전하는 것은 신 앞에 자신을 내려놓는 것을 의미한다. 이때 한 손은 하늘을 향하고, 다른 한 손은 땅을 향한다. 신으로부터 받은 축복을 세상 사람들에게 널리 전한다는 뜻이다.

춤추는 수피의 모습은 우주와 생명의 비밀을 품고 있는 듯 신비로웠다. 물론 체육관이 아닌 내밀하게 초대된 실내 집회였으면 더 좋았을 것이라는 아쉬움은 남았다. 언젠가 "신비체험은 필요 없다. 그것이 마약체험과 무엇이 다르냐?"라고 말했던 친구가 떠올랐다. 물론 신비체험은 일시적 구원이자 희열에 불과할 수 있다. 그러나 어떤 순간은 영원이 되기도 한다. 어떤 강렬한 경험은 나 자신은 물론 이웃과 세상을 바라보는 마음가짐까지 바꿔놓는다.

메블라나 교단의 창시자, 메블라나 잘라루딘 루미는 어쩌면 우리에게 신비주의 시인으로 더 유명할지 모르겠다. 700년도 더 전에 지어진 〈봄의 정원으로 오라〉 같은 시는 종교와 무관하게 널리 사랑받고 있다. 그만큼 '신을 대하는 마음'은 우리가 사랑하는 사람이나 오랜 친구를 대하는 마음과 다르지 않다는 것을 보여주는 것은 아닐까. 루미의 시 두 편을 소개한다. 여행에 관한 노래는 나를 위한 것이요, 봄의 정원은 긴 겨울을 보내고 있는 당신을 위한 노래다.

여행을 떠날 때는 여행자에게 조언을 구하십시오.
다만 한 곳에 집착하는 절름발이에게는 묻지 마시고.

마호메트는 말합니다.
"나라에 대한 사랑은 신의의 한 부분이다."
그러나 이 말을 곧이곧대로 받아들이지 마십시오.
진정한 '나라'란 당신이 지금 있는 곳이 아니라 당신이 향하고 있는 곳을 말합니다.

전통에 따라 세례를 받는 중에도 사람마다 기도하는 것이 다릅니다.
참 기도자는 조심스레 물을 부어 코를 씻어내며, 영혼의 향내를 구합니다.
"신이여! 저를 씻어주세요. 저의 손이 이 손을 씻지만, 이 손은 영혼을 씻을 수 없습니다. 저는 그저 껍질만을 씻을 수 있습니다. 그러니 당신만이 저를 씻을 수 있습니다."
어떤 사람은 엉뚱한 구멍에다 대고 그릇된 기도를 합니다.

그는 흙탕물을 일으키며 콧구멍 기도를 합니다.
엉덩이에서 천상의 향기가 피어날 수 있겠습니까?

바보들과 어울려 초라해지지 마십시오.
스승 앞에서 자존심을 세우지도 마시고.

당신의 집을 사랑하는 것은 옳은 일입니다.
하지만 묻지 않을 수가 없군요.

"어디가 진짜 당신 집입니까?"
- 잘랄 앗 딘 알 루미, 〈사막을 여행하는 물고기〉 나를 찾아가는 물고기 中

봄의 정원으로 오라.
이곳에 꽃과 술과 촛불이 있으니
만일 당신이 오지 않는다면
이것들이 무슨 의미가 있는가.
그리고 만일 당신이 온다면
이것들이 또한 무슨 의미가 있는가.
- 잘랄루딘 루미, 〈봄의 정원으로 오라〉

파묵칼레에서 떠난 시간 여행

하얗게 눈이 덮인 산 위에서 반바지를 입고 맨발로 물장난 치는 듯한 친구의 사진 한 장. 이 어리둥절한 상황 속 설산이 파묵칼레 온천 석회층이라는 것을 알게 되기까지 다소 검색 시간이 필요했다. 파묵칼레는 터키어로 '목화의 성'이란 뜻이다. 온천수의 칼슘 퇴적물이 1만 4천 년 동안 바위 위를 타고 흐르면서 만들어낸 온천 지대가 터키 사람들에게는 하얀 목화 성처럼 보인 모양이다. 2005년, 벌써 십 년 전의 일이다.

왠지 친구의 사진이 다시 보고 싶어졌다. 비밀번호도 가물가물한 싸이월드에 접속해 친구의 미니홈피를 한참이나 살폈다. 친구의 사진첩을 다 확인하고도 못 찾았는데, 내 미니홈피 사진첩에서 당시 스크랩했던 친구의 사진을 발견했다. 스크랩하면서 끄적인 당시 내 속내도 그곳에 함께 있었다.

'나 오늘 외로워서 너의 홈피에 다녀왔어. 우린 정말 쌍둥이처럼 서로에게 끌렸지. 그런데 그 무엇인가가 우리의 벽으로 작용하기도 했어. 우리가 꾸는 꿈은 같았는데 넌 그것을 바로 할 수 있었고, 난 계속 버겁게 꿈만 꾸어댔지. 너도 그걸 알고 있었니? 보고 싶어. 벚꽃 아래서 보고 싶다더니 오늘 비오고 나면 벚꽃 다 지겠다. 빨리 와!'

손발이 오그라드는 고백. 이것이 바로 2000년 중반 당대를 풍미했던 싸이월드의 관계와 감성이라는 것이다. 하하! 한참 '싸이질'을 하고 있다 보니 시간 여행을 떠나온 기분이다. 그러니까 친구는 대학을 졸업하자마자 발을 담갔던 파묵칼레를 나는 십 년도 더 지나 찾게 된 것이다.

콘야로 가는 버스에서 만났던 크리스와 여전히 함께였다. 심야버스를 타고 이른 아침에 도착한 우리는 각자 쉬었다 함께 일대를 둘러보기로 했다. 오후가 되어 느긋하게 일어나 원피스 안에 비키니를 챙겨 입고 숙소를 나섰다.

파묵칼레는 온천 지대와 고대 유적지가 각각 세계자연유산과 세계문화유산으로 등재된 세계복합유산이다. 한번 입장하면 석회온천으로 된 계단식 못과 수영장, 그리고 고대 도시 히에라폴리스 Hierapolis 유적지까지 한 번에 즐길 수 있다. 고대 도시는 기원전 2세기 페르가몬 왕국에 의해 처음 세워졌으며, 기원전 130년 로마에 의해 정복되면서 성스러운 도시라는 뜻의 히에라폴리스로 불리기 시작했다. 우리는 자유이용권이라도 끊은 것처럼 폐장 시간까지 세계복합유산 사이에서 유유자적했다.

파묵칼레 온천은 로마 황제들이 즐겨 찾았으며 이집트 여왕 클레오파트라도 다녀갔다고 전해지고 있다. 그 명성을 따라 세계 각지의 여행자들이 모여들었다. 나도 원피스를 벗고 수영복만 입은 채 따뜻한 온천수에 몸을 담갔다. 햇빛을 받은 온천수는 푸른빛을 내고, 하얀 석회층은 눈처럼 반짝였다. 이슬람 사회를 존중하기 위해 그동안 몸을 가리고 다니다 비키니 차림으로 세계자연유산에 몸을 담그고 있으니 묘한 해방감이 느껴졌다. 머리 위로 부는 바람을 맞으며 마을을 내려다보고 있자니 황제도 부럽지 않다.

온천욕을 즐긴 뒤 맥주 한 병을 사들고 언덕 위 로마 시대 원형 극장에 올랐다. 최대 1만 5천 명을 수용할 수 있다고 하니, 당시 이 도시가 얼마나 번영했을지 짐작이 간다. 크리스가 묻는다.

"상상이 돼? 고대인들은 여기에 모여 무엇을 했을까?"

고대 극장은 당대 가장 효과적인 선전기관이었다지 않나. 나는 전날 콘야에서 보았던 모스크 앞 광장을 떠올렸다. 라마단에는 낮 동안 금식하며 신과 가까이 하고, 해가 지면 이웃에게 음식을 베풀라는 종교적 가르침에 따라 누군가 비용을 지불한 성대한 만찬이 준비되어 있었다. 무대 위에 정치인으로 보이는 사람이 올라 연설을 하고, 사람들은 기도를 한 뒤 식사를 했다. 라마단 만찬장이 유권자의 환심을 사기 위한 정치인들의 예비 선거운동장으로 이용되고 있다는 지적이 떠오르는 장면이었다.

"이천 년 전 이곳에서도 연극과 종교 축제가 열리고, 정치인들은 민심을 얻기 위해 연설을 하고, 사람들은 모여 노래하고 춤추고 마시며 놀았겠지?"

고대 유적지에 잠잠히 앉아 있다 보면 일본 저널리스트 '다치바나 다카시'의 말처럼 천 년 전, 이천 년 전이라는 까마득한 시간이 눈앞에 굴러다니는 것 같다. 다카시는 말했다. "유적을 만나는 것, 그것은 천 년 단위로 시간을 보게 하는 것!"이라고.

십 년쯤 뒤쳐지는 건 아무것도 아니다.

터키 지중해에서 보낸 한철

여름엔 고온 건조하고, 겨울엔 온난 다습한 기후로 올리브, 오렌지, 포도 재배가 용이하다고 배운 지중해 연안. 지중해하면 유럽을 먼저 떠올리지만 바다는 유럽만 편애하지 않고, 터키를 비롯한 아시아와 북아프리카에 고루 면하고 있다.

여행을 떠나기 전, 3년 동안 세계 여행을 하고 돌아온 K와 카페에 마주 앉았다. 그녀는 동그랗게 터키 지도를 그린 뒤 페티예에서 안탈야로 이어지는 터키 지중해가 정말 예쁘다고 말하며 지도 위에 별표를 해주었다. 물에 있어서 만큼은 그녀의 말을 절대적으로 신뢰할 수 있다.

그녀를 처음 만난 곳은 태국 꼬따오였다. 낭유안 섬을 포함한 6개 지점으로 스노클링을 떠나는 배 위에서였다. 당시 나는 남자친구

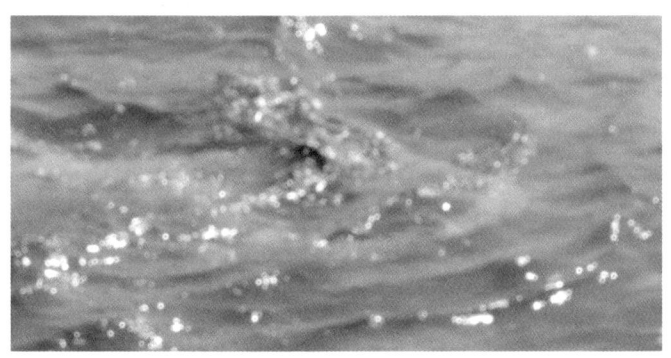

와 세세한 계획도 없이 느긋하게 장기여행을 할 때라 배가 섬에 데려다주면 여유 있게 해변에서 물장난 치며 물고기 구경이나 하고 와야지라는 생각으로 투어를 신청했다. 그러나 오산이었다. 배는 해변이 아니라 망망대해 한가운데 멈춰 섰다. 더 당황스러웠던 것은 배 엔진이 꺼지자마자 기다렸다는 듯 서양 여행객들이 환호하며 물속으로 뛰어내리는 것이었다. 주위를 둘러보니 한국인으로 보이는 여자친구 두 명이 있었다. 그중 한 명도 거침없이 바닷속으로 뛰어내리더니 물 위로 몸을 가볍게 띄우며 "물 진짜 맑아!"를 외치고는 날렵한 몸놀림으로 바다 저 멀리 시야에서 사라졌다. 그녀가 바로 K다. 난감해 하는 우리에게 다가온 건 그녀의 친구 J였다.

"처음이세요? 제 친구는 물이라면 환장하는 아이라서요. 구명조끼 입으면 괜찮아요. 코로 말고 입으로 숨 쉬셔야 해요. 물이 넘어

왔을 때는 퉤하고 뱉어내시면 되고요."
그녀는 스노클 이용법을 알려주며 배 위에 덩그러니 남은 우리를 살뜰히 챙겨줬다. 아무튼 굴욕스러운 모습으로 처음 대면했던 K와 J, 그들은 아직도 우리를 꼬따오 커플이라 부른다. K의 바닷속 우아한 몸놀림과 J가 배 위에서 베푼 친절은 잊을 수가 없다.

배 위에서 유일하게 구명조끼를 입고 스노클링을 했던 이날의 설욕을 위해 나는 지난 5년 동안 꼬박 수영을 등록했다. 물론 한 달에 몇 번 못 갈 때도 있었지만 만원 탈의실과 샤워실의 부대낌을 견뎌가며 '금욕적'으로 수영을 배웠다. 구명조끼 도움 없이 자유롭게 바닷속으로 뛰어들 그날을 위해!

결전의 그날이 온 것이다. 터키 지중해 페티예에 도착해 욀루데니즈 Ölüdeniz 해변으로 향했다. 그 투명한 쪽빛 바다에서 나는 다음날 떠날 보트 투어를 위해 혼자 입영 연습을 했다. 발이 닿지 않는 바다 위에 몸을 띄우는 순간, 온몸으로 느꼈던 희열과 성취감은 말로 다 표현할 수가 없다. 누구든 붙잡고 내가 바다 위에 뜰 수 있게 됐다고 자랑이라도 하고 싶었다. 근래 5년 동안 가장 잘한 일이 바로 수영을 배운 일인 것 같다는 생각이 들 정도였다.

바다 수영 초보자에게 다행스러운 것은 터키 바닷가는 대부분 해변으로부터 60~70미터 내외에 튜브 같은 것을 연결한 안전띠가

둘러져 있다는 것이다. 일단 그 지점까지 수영으로 가면 안전띠의 부력을 이용해 물 위로 가볍게 유영할 수 있다.

비키니 위에 원피스와 선글라스 하나 걸치고, 비치 타월과 읽을 거리 하나 챙겨 들고 해변에 나가 수영하고, 해변 위에 누워있던 나날들은 여행 내내 한 달가량 이어졌다. 내 인생에 이렇게 강렬하고도 단조로운 여름은 두 번 다시 찾아오지 않을지 모른다.

터키 종착지는 보드룸이어야 했다. 이번 여행에서 유일하게 정해진 일정, 그리스 코스 섬에 있는 친구네 집으로 가기 위해서는 보드룸에서 배를 타야 하기 때문이다. 보드룸은 그리스 코스 섬과 한 시간 거리에 있는 터키의 대표적인 에게 해 휴양도시로, 페티예에서 시계 방향으로 4시간이면 닿을 수 있는 곳이다. 그런데, 나도 모르게 보드룸 반대 방향인 카쉬와 올림포스, 그리고 안탈야까지 지중해를 따라 계속 움직이고 있었다. 결국 보드룸에서 한참 떨어진 안탈야에서 왔던 길을 가로질러 돌아와야만 했다. 여행 중에도 나의 방랑벽을 여실히 확인하는 순간이었다.

카야쿄이의 토템

카쉬Kaş로 가기 전 가방을 터미널에 맡겨 두고 페티예Fethiye 근교에 있는 카야쿄이Kayaköy를 찾았다. 그리스인들이 살던 마을이었으나 1920년대 그리스인들의 강제 이주와 지진으로 인해 지금은 거주민이 하나도 남아 있지 않은 텅 빈 마을이다. 그래서 유령의 도시라고 불린다.

주민도 관광객도 없는 텅 빈 마을을 둘러보고 다시 페티예 터미널로 돌아가기 위해 버스정류장을 찾아 걷다가 '토토로'가 튀어나올 것만 같은 버스정류장을 발견했다. 그 옆에 익살스럽게 그려진 사람 모양의 나무 건물이 엄지를 추켜올리고 있었다. 잿빛의 유령 도시에서 불과 100미터 걸어왔을 뿐인데, 이렇게 알록달록한 색을 보니 딴 세계 속으로 들어온 것만 같았다. 그곳은 바Bar였다. 이름도 범상치 않은 토템Totem.

그늘막 아래 앉아 있는 두 명의 여자가 반겨줬다. 주인장 시벨과 그녀의 친구 대니였다. 그녀들이 식사를 마칠 때까지 기다렸다가 맥주와 샐러드를 주문했다. 주변을 둘러보니 언덕과 나무 사이에 테이블이 자연스럽게 놓여 있고, 컬러풀하고 독특한 소품들이 곳곳에 장식되어 있었다. 장식뿐 아니라 주인장 시벨의 외모도 패션잡지에서 걸어 나온 것처럼 개성이 넘쳤다. 나는 이 외진 곳에 있는 그들의 이야기가 궁금해졌다. 시벨은 언론인 상을 여러 차례 수상한 적이 있는 전직 기자로 도시 생활을 접고 이곳에 정착했다고 한다. 모든 인테리어는 예술가인 남편과 함께 시벨이 손수 꾸몄단다. 함께 있던 친구 대니도 그림을 그리는 예술가였다.

시벨이 나를 향해 물었다.

"너도 분명히 예술가지?"

자신 있게 '응'이라고 말할 수 있었으면 얼마나 좋았을까?

"아니야, 나는 그냥 여행자일 뿐이야."

"아니, 너는 틀림없이 좋은 예술가일 거야. 네 안에 있는 영감을 믿어봐."

"그래, 그 말이 사실이었으면 좋겠다."

맥주 한 병을 천천히 비우기까지 그들의 친구 한 명을 더 만날 수 있었다. 그녀는 번역 작가로 도시의 번잡함을 떠나 조용히 작업하기 좋은 곳을 물색하던 중 카야쿄이까지 오게 됐다고 했다. 그녀는 드디어 정착하고 싶은 장소를 만났다며 카야쿄이에 대한 애정을 드러냈다. 하루라도 머무르고 싶었다.

"혹시 근처에 방이 있을까? 사실 가방을 터미널에 맡기고 왔지만 방이 있으면 하루라도 머물고 싶어."

그러자 대니가 근처 리조트에 전화를 걸어 방이 있는지 확인해줬다. 그리고 이어서 터미널에 전화를 해서 다음날 가방을 찾으러 가도 되는지 확인해주었다. 가방은 언제 찾으러 와도 좋다는 답변을 받았다.

나는 그들이 일러준 한Han 리조트를 찾아갔다. 주인은 태어난 지 일주일도 안 된 갓난아기를 안고 수유 중이었다. 시부모들은 정원에 있는 의자에 앉으라며 차이 한잔을 내주었다. 남편은 마당에 있는 나무에 아기의 그네침대를 묶어 막 설치를 완성하던 차였다. 수유를 마친 여자는 아기를 바구니 침대 위에 조심스레 눕혔다. 모두가 감격에 겨워하는 그 짧은 순간을 함께 한다는 것만으로도 내 마음은 따뜻해졌다. 새로운 생명은 그 자체로 이렇게 기쁨이 되는구나 싶어졌다. 마침 카메라가 손에 들려 있어 사진 몇 장을 찍고 사진을 보내주기 위해 그녀의 메일 주소를 물었다. 그녀의 이름은 귤덴이었다. "내 친구 귤센처럼 장미라는 뜻의 이름이구나."라고 물었더니 고개를 끄덕이며 웃는 그녀의 얼굴이 장미처럼 환해졌다.

안타깝게도 카야쿄이의 리조트들을 독채로 구성되어 있어 내 예산 범위를 한참 벗어났다. 카야쿄이에는 집을 장기로 렌트해서 머무는 사람들이 많았고, 배낭여행자가 머물 공간은 여의치 않았다. 결국 원래 이동하려고 했던 카쉬로 가기로 했다. 차를 다 마시고 일어나려 하는데, 귤덴이 나를 리셉션으로 데려갔다. 관광청에서 발행한 작은 숙소안내책자를 손에 쥐어주며 성수기이니 미리 예약하고 움직이라며 전화기를 건넸다. 귤덴의 도움으로 숙소를 예약하고, 페티예로 돌아와 카쉬로 가는 버스에 올랐다. 페티예에서 지중해를 따라 안탈야 방향으로 움직일 때는 오른쪽 창가에 앉아야 한다. 차비만 내고 이런 절경을 만끽해도 되는 것일까 싶을 정도로 창밖 풍경이 예술이다. 특히 칼칸에서 카쉬로 이어지는 해안선은 눈이 부시도록 아름답다.

도착한 카쉬의 숙소는 입구에서부터 자스민 꽃향기가 코끝을 간질이는 기분 좋은 곳이었다. 테라스에서 독일과 캐나다에서 온 친구들을 데리고 여행 중인 터키 여자 멜베를 만났다. 그녀는 나를 보자 어디에서 오는 길인지, 이 숙소는 어떻게 알고 왔는지 궁금해 했다. 나는 낮에 카야쾨이에서 만났던 토템과 리조트의 귤덴 이야기를 들려줬다. 그러자 그녀의 눈이 휘둥그레졌다.

"내가 친구들을 가장 먼저 데려가고 싶었던 곳이 카야쾨이거든! 리조트 주인 여자는 만삭이라고 들었는데 벌써 아이를 낳았다고?"

이스탄불에서 영화와 문화를 공부하는 멜베는 터키 내에서 일어나고 있는 새로운 변화에 민감한 친구였다. 그녀는 친구들에게 터키의 대표 관광지보다 살아있는 오늘날 터키의 모습을 보여주고 싶다고 말했다. 그녀의 말에 따르면 카야쾨이는 이스탄불 젊은 친구들 사이에서 소위 '뜨는' 장소 중 하나라고 한다. 나는 제주를 떠올렸다. 지칠 때마다 대평리에 가면 '물고기' 카페가 있고, 게스트하우스 '티벳풍경'의 사리언니를 만날 수 있다는 생각만으로 마음 한편이 든든해졌던 것처럼, 이스탄불 젊은이들도 토템의 시벨이나 한 리조트의 귤덴 이야기를 통해 마음의 위안을 얻고 있는 것이리라 짐작해 보았다.

도시의 치열함과 각박함을 떠나 각자의 삶과 예술을 꽃피우기 위해 자연 속으로 모여드는 사람들. 자신만의 속도를 유지하며 삶의 양식을 만들어나가는 일은 시스템에 기대 사는 것보다 몇 곱절 더 많은 에너지를 쏟아야만 가능할 것이다. 그럼에도 상사의 지시가 아닌 내면의 소리를 따르고, 권위자가 심어놓은 생각이 아닌 자신이 보고 경험한 것을 바탕으로 견해를 만들어가는 사람들의 삶은 그 자체로 빛이 난다. 나도 그들을 힘껏 응원한다.

올림포스, 매직 포레스트

 올림포스! 머릿속에서 그리던 이상적인 장소를 드디어 만났다. 라마단 기간이었지만 현지 여행객들로 이 깊은 산골 마을은 활기가 넘쳤다. 올림포스는 이름에서 풍기는 포스처럼 그리스 신화가 얽힌 고대 도시이자 산비탈 아래 자리 잡은 해변 마을로 한때 해적들의 본거지였던 곳이다. 마을로 들어서자 트리하우스나 방갈로로 꾸며진 저렴한 게스트하우스가 줄지어 있다. 성수기에, 예약도 하지 않고 움직였지만 어렵지 않게 나무로 만들어진 방갈로 도미토리에 짐을 풀 수 있었다. 숙박 요금은 일박에 35리라였다. 우리나라 돈으로만 오천 원이 안 되는 금액인데, 아침과 저녁식사까지 포함되어 있었다. 터키는 자국민을 위한 여가 인프라가 상당히 잘 되어 있다는 인상을 받았다. 아마도 이곳 방문객의 내국인과 외국인 비율이 바뀌기 전에는 이 '착한' 가격도 쉽게 변하지 않을 것이다.

마을은 해변으로 이어졌다. 해변에 닿기 위해서는 입장권을 끊어야 한다. 고대 그리스 도시 리키아의 유적지를 통과해야 하기 때문이다. 1회권, 10회권, 한 달 사용 입장권을 팔고 있었다. 1회 입장권은 5리라, 10회 입장권은 7.5리라이다. 나는 10회 입장권을 구입했다. 유적지를 따라 걷다보면 계곡물이 바다로 이어지는 풍경을 만나게 된다. 유적지가 숲과 바다 사이에 어우러져 있다니! 리조트와 연계되어 예쁘게 꾸며진 카쉬 비치에서 지내다 역사와 자연 한가운데로 들어오니 환호성이 절로 나왔다. 유료로 대여하는 파라솔과 선 베드가 없는 것도 마음에 들었다. 그 간극만큼 자연과 가까워진 것 같았다.

수영을 하고 얇은 비치 타월을 깔고 누워 있는데 한 남자가 다가와 말을 걸었다.

"어디에서 왔어? 혹시 터키쉬?"

'이건 너무 뻔한 수작이잖아. 내가 어딜 봐서 터키 사람으로 보여?' 이렇게 생각하며 대답했다.

"아니, 난 한국 사람이야."

"정말? 한국 사람일 거라고는 생각하지 못했어. 나는 여행 관련 일을 오래 해 왔기 때문에 한국 여행자를 많이 봐 왔거든. 한국 여자들은 늘 곱게 화장을 하고, 긴팔 옷과 모자로 얼굴과 몸을 가리고 다니잖아. 너는 너무 까맣게 타 있고, 태양을 겁내지 않는 것 같아서 분명 한국 사람은 아닐 거라고 생각했거든."

'그렇다고 터키쉬냐고 할 건 없잖아.' 속으로 생각했다. 그는 이어서 말했다.

"그런데 내 친구 중에 카자흐스탄에서 온 이민자 가족이 있어. 내 친구 동생이랑 너무 닮아서 혹시 터키사람인가 했어."

이 얘기를 끝내자마자 여자 한 명이 우리 앞에 등장했다. 내게 말을 걸던 남자와 그녀는 서로를 끌어안고 펄쩍 뛰며 반가워했다.

"정말 신기해. 이 친구가 방금 내가 말한 친구의 여동생이야."

홑꺼풀 눈매의 그녀는 내가 보기에도 정말 나와 닮아 있었다. 많은 터키인들이 여름에는 지중해를 따라 피서를 가기 때문에 여행지에서 우연히 친구를 만나는 일이 그다지 유별난 일은 아닌 모양이다. 게다가 자연과 자유로움을 좇는 젊은이들이 매해 올림포스를

찾아와 몇 달씩 지내기도 한다니 성향이 비슷한 친구들이 이곳에서 우연히 재회하는 일 역시 그리 낯선 일은 아닌 듯 했다. 그런데 말하자마자 이렇게 당사자가 눈앞에 나타나는 건 웬 조화인가.

친구의 여동생이 자리를 떠나고 남자는 옆에 있던 여자 대학동기를 소개했다. 둘은 오랜 친구로 현재 같이 일을 하고 있다고 했다. 나는 그제야 경계를 풀었다. 그의 이름은 메르트, 친구의 이름은 오야였다. 마음의 빗장이 열리자 일순간 의지하고 싶을 정도로 그들이 친근하게 느껴졌다. 해수욕을 마치고 일어서는 그들을 따라나섰다. 그들은 숲으로 안내했다. 바다로 이어지는 계곡물을 따라 산기슭을 올랐더니 리키아 유적지를 지나 숲이 나왔다.

"쉿! 매직 포레스트야. 가만히 귀 기울여봐. 이곳에서 소원을 빌면 이뤄진대."
커다란 나무 기둥이 옆으로 누워 얕은 계곡 위에 다리를 놓았고, 몇 개의 나무들이 얽히고설켜 신성한 그늘을 만들어내고 있었다. 무성한 잎 사이를 비집고 들어오는 빛의 입자가 아지랑이처럼 퍼져나가고 있었다. 그들은 나를 위해 조용히 자리를 비켜줬다. 나는 이 작은 공간 안에 가득한 에너지를 느끼며 눈을 감고 깊은 숨을 들이마셨다.

뒤돌아 나오자 이번에는 바로 옆에 있는 개울로 안내했다.
"몸을 담가봐. 물이 정말 시원해."

계곡 물은 발만 담그기에도 얼음장처럼 차가웠다. 나는 그들을 따라 입수를 했다. 머리와 온몸이 '쨍!'하고 깨질 것 같더니 짜릿한 쾌감이 느껴졌다.

저녁을 먹고 그들이 묵고 있는 트리하우스에 놀러갔다. 메르트는 텐트를 치고 야영을 하고 있었다. 그들과 함께 라이브로 레게음악이 연주되는 펍으로 갔다. 라이브 공연이 끝나고 이어서 댄스파티가 시작됐다. 이미 마음이 무장 해제된 나는 갑자기 춤을 추고 싶어졌다. '아무도 보지 않는 것처럼 춤추라!' 모두가 아는 이 법칙. 그러나 남들의 시선에서 자유로워지기란 말처럼 쉽지가 않다. 그래서 춤을 추고 싶은 밤이면 집에서 혼자 음악을 틀어놓고 불을 끈 채 몸을 흔들었다. 그렇게 있다 보면 낮 동안 한껏 긴장해 있던 온몸의 근육이 느슨해지면서 스트레스가 풀리곤 했다.

나는 방 불을 끄듯 눈을 질끈 감았다. 그리고 춤을 추기 시작했다. 음악 소리만 들릴 뿐 아무것도 보이지 않았다. 거추장스러운 내 몸조차 느껴지지 않았다. 그렇게 얼마쯤 지났을까. 타는 목을 축이러 잠시 자리로 돌아왔다. 그러자 테이블 주변 사람들이 모두 내게 엄지손가락을 추켜올리는 것이다. 단지 눈을 감고 음악에 몸을 맡겼을 뿐인데, 내가 춤을 추었나 보다. 아무도 보지 않는 것처럼!

친구들은 떠나고 나는 남았다. 나는 매일 의식을 치르듯 아침을 먹고, 유적지를 지나 해변으로 향한다. 해수욕을 마치고 돌아오는 길에는 계곡물에 몸을 씻어내고 매직 포레스트에 한참 머물다 왔다. 올림포스에 머무는 열흘 내내 반복되었다. 나는 매직 포레스트의 한 나무 위에 올랐다. 일순간 내가 나무를 상하게 하는 것은 아닐까 망설였지만 넉넉한 나무의 품을 믿기로 했다. 나는 왜 자꾸 이런 장소에 사로잡히는 걸까.

첫 배낭 여행지였던 인도 영향 때문일까 생각하다, 내가 처음 만들었던 아이디 Nell을 떠올렸다. 가수 넬이 영화 〈넬〉에 영감을 받아 이름을 만들기 훨씬 전부터 나는 넬이었다. 나 역시 어려서 보았던 영화 〈넬〉을 보고 만든 이름이다. 문명과 단절된 채 자연 속에서 자랐던 야생소녀 넬. 20년 전에 봤던 영화인데도 선명하게 기억이 난다. 밤이 되면 물안개가 핀 호숫가에 안길 줄 알고, 나무 사이로 불어오는 바람과 함께 달릴 줄 아는 소녀 넬에 내가 얼마나 매료되었던가. 그러니까 이건 인도 영향이 아닌 원시를 향한 나의 고유 열망이자 본능인걸로 해두자.

나무 위에서 머무는 시간은 한 시간 내외였다. 사람들이 단체로 몰려드는 날도 있었고, 은밀한 데이트를 위해 찾아든 커플을 만난 적도 있었고, 또 아무도 찾아오지 않는 날도 있었다. 하루는 그룹으로 여행객들이 지나갔는데, 한 아주머니만 자리를 뜨지 않고 두 손을 모으고 서 있었다. 그분은 내게로 오더니 "이곳에서 특별한 기운이 느껴져. 나는 오스트리아 스타이어에서 온 요가 수련자야. 너도 이 나무의 기운이 느껴지니? 나는 단체로 온 여행자여서 빨리 일행을 따라가야 해. 지금 이 순간을 즐기길 바라." 이렇게 말을 한 뒤 나를 안아주고는 뒤돌아섰다. 또 하루는 가족여행자들이 와서 나무에 앉아 있는 내게 아이와 함께 사진을 찍어줄 수 있냐고 물었다. 아이의 이름은 터키말로 평화라는 뜻의 바리쉬라고 했다. "저도예요. 제 이름도 평화라는 뜻의 상화예요."라고 답하고, 두 명의 평화가 함께 사진을 찍었다.

나무 위에 올라와 있으면 누군가와 연결되어 있다는 느낌이 들곤 했다. 나는 언제나 나무가 되고 싶었다. 나무의 길고 차분한 호흡을 닮고 싶었다. 무엇이든 품어주고 무심한 듯 흘려보낼 줄 아는 넉넉한 품을 갖고 싶었다. '나무의 말에 귀 기울이는 사람은 더 이상 나무가 되려 하지 않는다.'고 헤르만 헤세는 말했다. 나도 조용히 나무의 말에 귀를 기울여본다. 나무는 내 모습을 그대로 인정하라고 말해준다. 굽은 등과 비틀어진 체형을 바로잡기 위해 사투를 벌일 필요도 없다고 위로해준다. 누군가를 부러워하거나 흉내내지 말고 고요히 내 안에 있는 깊은 샘물을 길어내라고 응원해준다.

올림포스를 떠나는 날, 나무에 올라 마지막 인사를 나누며 메르트가 일러준 대로 소원을 빌었다. 나의 과거, 불안, 상처와 잘 화해하게 해 달라고.

chapter 3 터키 더 깊숙이

머리 염색하는 날

터키 여행의 종착지, 보드룸에 도착했다. 보드룸은 하얀 집들과 푸른 바다, 항구에 정박한 요트가 한눈에 들어오는 에게 해 대표 휴양도시이다. 터키에 도착하고 얼마 지나지 않아 라마단이 시작됐는데, 어느새 라마단이 끝나고 바이람 축제가 시작되었다. 사람들은 금욕의 라마단이 무사히 끝난 것을 감사해 하며 가족 친지들과 함께 달콤한 음식을 먹고 마시며 사흘간 축제를 벌인다. 그래서 '달콤한 바이람Seker Bayram'이라고 불리기도 한다.

거리는 현지 여행객들로 발 디딜 틈 없이 북적였다. 밤은 낮보다 화려했다. 한 달간 절제됐던 욕구가 봇물 터지듯 거리 위로 쏟아져 나왔다. 해변에는 레스토랑과 바bar가 세팅되고, 밤새 클럽, 디스코, 비치 바의 조명이 돌아갔다. 해변을 따라 밤거리를 걷고 있는데, 젊은 남녀가 클럽 베란다 난간에 올라가 관능적인 춤을 선보인다. 현란한 조명이 이들을 향해 비춰지고, 지나가는 사람들은 발걸음을 멈추고 그 주위에 둘러서서 환호한다. '광란의 끝'이 이런 건가 싶다. 터키의 마지막을 조용히 음미하고 싶었지만 바이람과 함께 하는 것도 나쁘지 않다.

 나도 나만의 축제가 필요했다. 그리스로 넘어가기 전에 머리를 염색하기로 했다. 사실 삐쭉삐쭉 튀어나오는 흰머리와의 사투이다. 흰머리가 나면 염색하지 않고 자연스럽게 나이 들고 싶었지만 남들보다 십 년은 일찍 찾아든 새치는 고민스러울 수밖에 없다. 이 나이에 흰머리는 조금도 자연스럽지 않으니까. 그러나 가난한 여행자에게 소비는 쉽지가 않다. 항상 부족한 주머니 사정 때문이었는지, 그것은 나에게 너무 많은 기회비용을 생각하게 한다. 게다가 미용실에만 가면 '쪼그라드는' 버릇이 남아 있어 이틀째 머리 사진만 들여다

보고 결정을 내리지 못했다. 더 생각해보겠다며 슬며시 일어나려 하는데 미용사 메멧 할아버지가 다가오시더니 머리에 꿀밤 한 대를 때리고는 손을 잡아 의자에 앉혔다. '네 맘 다 알아.'라고 말하는 것만 같아 순간 눈물이 핑 돌았다.

이스탄불에서 배낭을 살 때도 마찬가지였다. 같은 가게를 몇 번이나 맴돌았는지 모른다. 그때마다 스포츠맨 톨가가 재촉하지 않고 내 신체 조건과 통증을 고려해서 무게별 침낭을 넣어가며 선택을 도와줬다. 갈 때마다 대접받은 차와 음식은 말할 필요도 없고! 손님을 사람으로 대할 줄 아는 이 나라 사람들이 나는 왜 이렇게 좋은지 모르겠다.

미용실 의자에 앉아 터키에서 만난 소중한 인연들을 떠올려본다. 톨가, 안네, 귤셴, 바투, 제렌, 시벨, 오야, 메르트. 고마운 얼굴들이 지나가자 거울을 마주한 얼굴에서 주책없이 눈물이 흘렀다. 받은 마음이 크기도 하거니와 나 역시 그들에게 온전히 집중했기 때문일 것이다. 그리워할 사람이 이렇게 많아졌으니 내게 터키는 더 이상 이전의 터키가 아니다.

한국에서 헤나 염색을 몇 차례 했던 탓에 머리카락이 코팅되어 일반 염색이 잘 안 될 것을 염려하던 메멧 할아버지는 내 머리를 탈색하기 시작했다. 탈색 뒤 다시 한번 노랗게 머리를 염색했다. 만족스럽다. 염색 전 형광색으로 탈색된 내 머리를 보는 것도 즐거운 경험이었다. 특별히 잘 어울리는 헤어스타일은 없다고 생각한다. 여자의 모든 변화는 아름답다. 나는 그렇게 머리를 하고난 날이면 세상과 사랑에 빠진다. 어쨌든 바닷바람과 땡볕에 새카맣게 그을린 내 몸에서 가장 밝은 부분이 머리가 되었다.

나는 이제 그리스와 사랑에 빠질 준비가 되었다.

Chapter 4
그리스 친구네 집으로

———

"한국에서의 생활은 어때?"
"아무래도 당분간 휴식이 필요할 것 같아. 너무 지쳐가고 있어."
"그럼 이 아름다운 섬에 와서 쉬었다 가. 이곳의 삶은 느긋해.
잠시나마 바람처럼 자유로움을 느낄 수 있을 거야."

4년만의 재회

그리스 친구, 니코스의 집에 가기 위해 배에 몸을 실었다. 이층선 데크는 마치 유람선처럼 일광욕하는 여행객들로 가득하다. 부서지는 햇살 속에서 이유 모를 웃음이 새어나온다.

니코스를 처음 만난 것은 4년 전 이탈리아에서 그리스로 가는 배 위에서였다. 이탈리아 바리 항구를 출발한 배는 아드리아 해와 이오니아 해를 건너 그리스 파트라스 항구로 향하고 있었다. 16시간이 넘는 운항이어서 하룻밤을 꼬박 배 안에서 보내야 했다. 일행이 있는 출장길이었다. 지난 몇 해 동안 '공공 리더들의 공부하는 여행'을 기획했다. 외유성 해외연수에 대한 잘못된 관행을 바로잡고, 제대로 된 대안을 마련하자는 취지에서였다. 당시 나는 농산업 해외사례 조사를 위해 이탈리아, 그리스 연수일정을 기획하고, 전체 일정을 총괄하고 있었다. 이탈리아 일정을 마치고 그리스로 이동하는 배 위에서 공식 일정을 평가하는 워크숍을 진행한 뒤 한국에서 챙겨온 소주와 다과로 조촐한 뒤풀이를 즐기고 있을 때였다. 자신의 나라로 향하는 배에 오른 동양인 무리가 신기해 보였는지 두 명의 그리스 사내가 다가와 인사를 건넸다. 어려서부터 줄곧 단짝이었다는 두 사내는 이름도 똑같은 니코스였다. 우리 일행은 그들에게 소주를 건넸고, 그들도 자신이 갖고 있는 위스키로 답례했다. 그렇게 마른 멸치를 안주 삼아 하룻밤 우정이 싹텄다. 어찌나 흥이 많은 두 민족이 만났는지 밤새 시간이 가는 줄도 몰랐다.

니코스는 코스라는 그리스 섬의 호텔 매니저라고 했다. 많은 한국 여행자들이 코스 섬은 단지 터키에서 산토리니를 가기 위해 당일 또는 일박으로 거쳐 가는 곳으로만 알고 있다. 그러나 코스 섬은 유럽인들이 즐겨 찾는 인기 휴양지라고 한다. 대부분의 그리스 섬 관광지가 그렇듯 비수기에는 영업을 하지 않기 때문에 바이크를 타고 여행을 다닌다고 했다. 그때도 모로코와 튀니지 일대를 여행하고 남부유럽을 거쳐 집으로 돌아가는 길이었다.

다음날 아침 배가 파트라스 항구에 도착하고, 우리는 다음 공식 일정을 위해 서둘러 버스에 올랐다. 니코스는 우리에게 다가와 그리스에서 좋은 추억 만들기를 바란다는 인사와 함께 언젠가 코스 섬에 꼭 놀러오라는 말을 전한 뒤 바이크 위에 올라 손을 흔들었다. 짧은 시간이었지만 니코스는 내게 살아있는 '그리스인 조르바' 같은 강렬한 인상을 남겼다. 그 뒤 우리는 페이스북 친구가 되어 4년 동안 서로의 소식을 주고받았다. 답답한 빌딩숲에 질식될 것 같은 어느 날, 니코스가 안부를 물어왔다.

"한국에서의 생활은 어때?"
"아무래도 당분간 휴식이 필요할 것 같아. 너무 지쳐가고 있어."
"그럼 이 아름다운 섬에 와서 쉬었다 가. 이곳의 삶은 느긋해. 잠시나마 바람처럼 자유로움을 느낄 수 있을 거야."

이 짧은 메시지를 주고받은 후 나는 그리스 코스를 여행 중심에 두고, 여정을 꾸리게 된 것이다. 코스 섬은 그리스 본토보다 터키 땅과 더 가까웠기 때문에 이스탄불이 여행의 출발점이 되었다.

터키 보드룸을 출발한 배는 한 시간도 채 되지 않아 그리스 코스 섬에 닿았다. 배에서 내려 입국 수속을 위한 줄을 기다리고 있는데 철조망 사이로 누군가 내 이름을 부르는 소리가 들렸다. 니코스였다. 이유 없이 사람을 긴장시키는 입국심사대 앞에서 나를 기다리는 사람이 있다는 사실이 왠지 든든하게 느껴졌다. 그리스가 오랫동안 나를 기다려온 것 같은 느낌마저 들었다. 입국심사대를 빠져 나오자 니코스가 다가와 양 볼에 키스를 하고, 짐을 받아들고는 세워놓은 차로 데려갔다.

"난 네가 바이크를 타고 나올 줄 알았는데?"
"응. 네 짐이 얼마나 될지 모르겠고, 또 오늘 저녁엔 딸을 데리러 공항에 나가야 해서 친구에게 차를 빌렸어. 그렇지만 차는 영 적응이 안 돼. 역시 내 몸에는 바이크가 가장 잘 맞아."
"사고 난 적은 없어?"
"당연히 있지. 몇 차례 사고로 다리도 다치고 갈비뼈도 나가고. 그래도 라이딩을 멈출 수는 없어. 다시 사고가 나지 않기만을 바랄 뿐이지."

입국심사로 시간이 지체되어 집에 배낭을 내려놓지도 못한 채 우리는 바로 니코스가 일하는 곳으로 향했다. 가는 길에 서로의 안부를 물었다. 니코스의 친구인 또 다른 니코스는 덴마크 코펜하겐에 살고 있단다. 마침 내가 도착한 날이 독일에서 엄마와 살고 있는 스

무 살 딸이 방학을 맞아 그리스에 오는 날이었다. 일이 바빠 자신은 나와 함께 시간을 보내기 어려울 텐데 딸과 일정이 맞아 다행이라며, 나도 틀림없이 그녀를 좋아할 거라고 니코스는 확신하듯 말했다. 니코스는 일 년 전부터 친구가 운영하는 레스토랑의 스텝으로 일하고 있었다. 레스토랑에 도착하자마자 동료들에게 나를 소개했다. 몇몇은 동양에서 온 내게 예의를 표한다며 두 손을 모아보이기도 했다.

"자, 오늘 이곳에서 시간을 보내야 해. 이쪽으로 나가면 해변이 있고, 배가 고프면 여기에서 주문을 하면 돼. 오늘은 저녁 5시에 조퇴할 거니까 같이 공항에 갔다가 저녁 먹으러 가자. 그때까지 기다릴 수 있겠지?"

"나는 배낭여행자야. 필요한 건 뭐든지 배낭 안에 다 있고, 해변과 레스토랑까지 있는데 뭐가 걱정이겠어. 내 신경은 쓰지 말고 일해. 이따 보자고."

"신경 쓰지 말라니! 너는 이제부터 내 손님이야. 그러니 필요한 게 있으면 언제든지 무엇이든지 말해."

레스토랑에서 오솔길로 이어진 해변으로 나가 선 베드 하나를 차지했다. 가슴을 내놓고 선탠을 즐기는 여자들, 아이들과 공놀이 하는 가족들, 물에서 껴안고 데이트하는 연인들. 배로 겨우 한 시간 거리인데 이곳의 풍경은 터키의 그것과 사뭇 달랐다. 어딘가 조금 더 단조롭달까.

바닷물에 몸을 담그고 나와 선 베드 위에 누웠다. 쏟아지는 태양에 몸을 내맡겼다가 그 뜨거운 열기를 참지 못하고 선 베드를 옮겨 다시 파라솔이 만들어내는 한줌의 그늘 아래 몸을 감추기를 반복했다. 잠시 후 선 베드 이용대금을 받는 관계자가 다가오더니 "니코스 친구지? 즐거운 시간 보내!"라고 인사를 남기고 지나갔다.

거저 주어진 이 행운과 행복을 만끽해도 되는 걸까? 4년 만에 만난 니코스도, 이 강렬한 태양도, 눈부시게 파란 하늘과 바다도, 구릿빛으로 그을린 내 피부와 노란 머리색도 왠지 모두 비현실적이다. 그러나 동시에 충만함을 느낀다.

니코스의 기쁨, 그녀!

니코스의 딸을 데리러 공항으로 향했다. 니코스의 딸은 엄마와 함께 독일에서 살고 있는데, 매해 여름은 아빠가 있는 그리스 코스 섬에서 지낸다고 한다. 자유롭게만 보이는 니코스에게 딸은 어떤 존재일까 조심스레 물었다.

"니코스! 딸과의 관계는 어때? 너에게 딸은 어떤 존재야?"라는 질문과 동시에 니코스 얼굴에 환한 미소가 가득 퍼져나갔다. "그녀는 나의 가장 큰 사랑이자 기쁨이야!"라고 대답하며, 팔뚝에 하트와 함께 새겨놓은 딸의 이름을 자랑하듯 내밀었다. 'Marie Lou~' 니코스 딸의 이름은 '마리'였다.

"이게 내 몸에 새긴 첫 번째 타투야. 마리의 엄마는 독일 사람인데, 사랑이 많고 아주 밝은 사람이야. 우리는 마리가 어렸을 때 헤어졌지만 여전히 좋은 친구야. 마리는 사랑을 많이 받으며 컸어. 그래서인지 정말 사랑스러운 아이로 자라났어. 너도 그녀가 얼마나 사랑스러운지 곧 알게 될 거야."

공항은 손님을 맞으러 나온 호텔 관계자들로 가득했다. 니코스는 그들 한 명 한 명과 반갑게 인사를 주고받았다. 잠시 후 니코스의 딸 마리가 도착했다. 니코스와 마리는 보자마자 달려들어 껴안고, 깨물고, 뽀뽀하며 격하게 서로를 반겼다. 이렇게 친밀한 부녀지간을 보는 건 처음이어서 나는 속으로 적잖이 놀란 채 그들만의 환영식을 지켜보았다.

우리는 함께 차를 타고 저녁을 먹으러 마스티카리Mastichari라는 작은 마을로 향했다. 바다를 앞에 두고 가족이 운영하는 그리스의 대중식당인 타베르나Taverna에 도착하자 주인 내외가 나와서 니코스와 마리에게 인사를 건넸다. 이어서 한국에서 방문한 손님이라고 나를 소개하자 주인은 아들을 불러냈다. 일곱 살 내외로 보이는 꼬마는 내 앞에서 한국어로 숫자를 하나에서부터 열까지 세었다. 깜짝 놀라 어디서 배웠냐고 묻자 태권도를 배우고 있단다. 이 멀고 작은 섬마을에 태권도가 전해졌다는 사실이 놀라웠다. 샐러드를 시작으로 생선튀김, 오징어튀김, 문어구이 등 해산물 요리가 계속해서 이어졌고, 자연스럽게 우리의 대화도 무르익었다.

대화는 영어로 이뤄졌다. 마리는 독일어, 그리스어, 영어에 모두 능통하다. 그리스 현지인들과는 주로 그리스어로, 어려서부터 친하게 지낸 그리스 친구들과는 영어로 대화해 왔다고 한다. 젊어서 독일에서 일을 한 적 있다는 니코스도 독일어를 유창하게 한다. 그래서 마리와 둘이 대화할 때는 주로 독일어를 사용한단다. 마리는 대학에서 중동과 아프리카 문화를 공부하고 있는데, 다음 학기부터는 아랍어와 스와힐리어도 배울 예정이란다. 오랜 시간 씨름한 영어 하나 구사하는 것도 버거운 내게 유럽인들의 다양한 언어 세계는 부러움을 넘어 마냥 신기하기만 하다.

마리는 정말 구김 없이 사랑스러운 아이였다. 다양한 문화에 관심이 많은 그녀는 멀리 동양에서 온 나에게도 마음을 열고 스스럼없이 대했다. 배는 불러오고, 국경을 넘어온 첫날의 긴장감은 사라지고, 우리 사이에는 호기심 어린 친밀감이 싹트기 시작했다.

저녁식사를 마친 우리는 항구, 광장, 유적지가 옹기종기 모여 있는 시내로 이동했다. 니코스는 광장에 나란히 붙어있는 건물들을 가르키며 "이건 그리스, 이건 로마 건축 양식이야."라고 설명했다. 직선과 직사각형을 기본으로 한 건물은 모두 그리스식, 곡선과 아치로 된 건물은 모두 로마식이라고 하는 격이었다. 골목길을 지나 코스에서 가장 맛있다는 수제 아이스크림 가게에 들러 종류별로 아이스크림을 각자 하나씩 입에 물고, 차가 세워져 있는 주차장으로 다시 돌아왔다. 니코스는 자동차 열쇠를 마리에게 던지고는 하루 동안 주차해 놓았던 바이크 위에 올라 앞장섰다. 니코스의 다리에는 두 번째로 새긴 'See the World'라는 문구와 함께 바이크가 그려져 있었다. 앞장 서 가는 니코스를 보니 4년 전 바이크 위에 올라 출발하는 우리 버스를 향해 손을 흔들던 마지막 모습이 떠올랐다. 나에게는 바이크 위에 오른 니코스의 모습이 가장 자연스러워 보인다.

집으로 향하는 길, 마리가 말했다.
"아, 일 년 만이다. 그런데 참 이상해. 막상 코스에 오고 나면 마치 한 번도 이 섬을 떠나본 적이 없었던 것처럼 느껴져."

니코스의 집은 바다 건너 터키 보드룸 불빛이 내다보이고, 주위는 아프리카 대지처럼 보이는 언덕이 둘러져 있었다. 집 구석구석

여행 중 수집한 아프리카 수공예품이 장식되어 있었다. 커다란 거실이 있고, 통로를 지나 니코스 방과 마리 방이 나란히 붙어 있다. 나는 거실 소파를 차지했다. 쿠션을 빼고 그 위에 이불을 깔아 제법 넓고 근사한 침대를 만들었다.

각자 방으로 들어가고, 나도 샤워를 한 뒤 내 소파침대 위에 누웠다. 국경을 넘어온 나와 마리, 그리고 바쁘게 일을 하고 동시에 손님을 맞이하느라 분주했던 니코스의 하루가 이렇게 저물었다.

chapter 4 그리스 친구네 집으로

코스에서 여름을 대하는 우리들의 자세

니코스는 아침에 일어나면 제일 먼저 마리가 자고 있는 방으로 들어간다. 그러면 마리와 니코스가 서로 장난치며 웃는 소리가 거실에까지 새어 나온다. 마치 어린 아이를 둔 집안에서나 날 법한 아침 풍경 소리를 들으며 나도 눈을 뜬다. '나는 지금 세상에서 가장 행복한 두 사람과 한 지붕 아래 있구나.' 싶어진다.

잠에서 깬 마리는 전기레인지 대신 가스버너를 켜고 커피를 끓인다. 커피는 열이 아니라 불 위에 끓여야 제맛이란다. 터키식 커피처럼 커피가루를 넣고 물과 함께 끓인다. 우리는 마리가 끓인 커피 한 잔으로 하루를 시작한다. 준비를 마친 니코스는 출근을 한다.

나는 이곳에 머무는 동안 마치 처음부터 마리의 친구였던 것처럼 대부분의 시간을 그녀와 함께 했다. 매일 해변에 나가 반나절 누워 있다 돌아와 요리를 해먹고, 낮잠을 자다 해가 떨어지면 맥주 한잔 마시러 나기기를 반복했다.

하루는 해수욕을 마치고 해안도로를 달리던 도중 마리는 보여줄 것이 있다며 차를 세우고 비탈 아래로 향했다. 터마 비치Therma Beach라고 쓰인 화살표를 따라 해변을 한참 걷자 바위 절벽 아래로 천연 해수온천이 모습을 드러냈다. 수심이 얕은 지점에 큰 돌로 울타리를 만든 해수풀장에서 사람들이 온천욕을 즐기고 있었다. 마리는 관광객으로 북적이는 것이 싫어 한적한 겨울에 오는 것을 좋아한단다. 진정 현지인다운 여유다. 터마 비치에 완전히 반한 나는 흥분을 감추지 못하고 서둘러 물속으로 뛰어들었다.

바위산 아래로 온천이 흐르는 물길이 그대로 보였다. 뜨거운 온

chapter 4 그리스 친구네 집으로

천수가 돌담을 넘어 들어오는 바닷물과 섞여 적정한 온도가 되었다. 온천 샘에 가까이 있을수록 뜨겁고, 바다를 향할수록 차가워지는 셈이다. 절벽 아래 온천 샘 가까이 자리를 잡고 몸을 담갔더니 몸은 노곤해져 오고 얼굴엔 시원한 바람이 불어왔다. 탁 트인 경관 속에 자연의 일부가 된 기분마저 들었다. 여행 중 만나는 온천은 보너스 같다. 게다가 천연 해수온천이라니, 이건 정말 자연의 특별한 선물이라 하지 않을 수 없다.

마리가 능숙하게 운전하는 차를 타고 매번 새로운 해변을 찾아 섬을 한 바퀴 돌았더니 어느새 섬 구석구석 해변의 특징까지 파악할 수 있게 됐다. 코스를 가장 많이 찾는 독일, 네덜란드, 영국 여행자들은 물이 차가운지 따뜻한지, 수심이 깊은지 얕은지, 파도가 센지 잔잔한지, 모래인지 자갈인지에 따라 자기 취향대로 해변을 선택하고 그곳을 아지트 삼아 여름 한철을 보낸다. 나는 해수온천을 품고 있는 테마 비치를 가장 좋아하게 됐고, 마리는 물이 차갑고 수심이 깊은 아기오 포카스 비치를 가장 좋아한다. 코스에 머무는 내내 햇빛과 바다를 즐기며 여유를 부리는 것이 일과의 전부가 되었다. 내가 이렇게 그리스 섬을 동네 삼아 어슬렁거리게 될 줄은 몰랐다.

나의 한가한 사정과는 달리 니코스는 눈코 뜰 새 없이 바빴다. 여름이 되면 그리스 섬 전체는 유럽 각지에서 몰려든 휴양객들로 몸살을 앓는 듯 했다. 밤 11시까지 일하는 니코스는 우리와 함께 시간을 보내기 위해 조퇴하는 날이 아니면 아침 이외에는 얼굴 보기가 힘들었다. 니코스뿐 아니라 섬사람들은 모두 여행사, 호텔, 레스토랑, 마리나 같은 관광업에 종사한다. 이들은 대부분 4월부터 10월까지 영업을 하고, 11월부터 3월에는 문을 닫는다. 그중에서 7, 8월은 극성수기에 해당한다. 주말도, 휴일도 없이 정신없는 여름을 보내면서 섬사람들은 겨울이 오기만을 기다린다.

보통 한국에서 왔다고 인사를 하면 북쪽인지 남쪽인지를 묻기 마련인데, 이곳에서 만난 니코스와 마리의 친구들은 제일 먼저 "한국의 겨울 날씨는 어때?"라고 물어보곤 했다. 겨울에만 휴가를 보낼 수 있기 때문에 비수기 여행지로 고려해 보기 위해서였다. 처음에는 겨울마다 여행을 다니는 그들이 부럽게만 생각됐다. 그러나 니코스는 말한다.

"우리에게는 선택의 여지가 없어. 배도 끊기고 인적도 드문 겨울에는 호텔도 레스토랑도 모두 문을 닫거든. 경제활동도 하지 못한 채 춥고 바람 부는 섬을 지키고 있는 일은 보통 어려운 게 아니야."

그리스 경제가 악화되면서 마냥 쉴 수만은 없는 이들은 겨울이 되면 섬을 벗어나 유럽 내 다른 나라에서 단기체류로 일을 하기도 한다. 이런 실상을 알고 나니 겨울마다 짐을 꾸리는 그들을 부럽다고만 할 수도 없다. 니코스가 말을 잇는다.

"그래서 나는 여름의 이런 활기가 좋아. 여름엔 열심히 일을 하고, 겨울엔 긴 호흡으로 충전할 수 있으니까! 단지 지금 바쁘다고 불평할 수는 없어."

마리와 나는 해수욕을 마치고 종종 니코스가 일하는 레스토랑에 들르곤 했다. 어려서부터 섬 마을 사람들의 사랑을 받으며 자라온 마리는 편하게 앉아 니코스 동료들과 인사를 나누고, 그들이 가져다주는 음료나 아이스크림을 기쁘게 받아든다. 일을 할 때면 바짝 긴장한 채로 일을 해온 나는 바쁘게 돌아가는 친구의 일터에서 여유를 부린다는 것이 미안하게만 여겨졌다. 그러나 니코스와 니코스 동료들은 불필요한 긴장과 불편해 하는 기색 없이 자연스럽게 일을 하고 있었다. 우리나라에는 레스토랑 서빙이 20~30대 위주인데 반해, 이곳 레스토랑의 스텝들은 모두 40~50대쯤 되어 보였다. 니코스와 니코스 동료들은 안정감 있고 여유 있게 베테랑 서비스 정신을 발휘하고 있었다.

여행 중에 만났던 자유로운 니코스의 삶이 조금 더 입체적으로 보이기 시작했다. 일상 속의 니코스는 자상한 아빠이자 다정한 호스트였으며, 성실한 레스토랑 스텝이었다. 올 겨울에는 친구들과 이란으로 바이크 여행을 떠날 계획이라는 니코스는 긴 휴식을 위해 오늘의 일상과 노동을 소중히 여길 줄 아는 진정한 자유인이었다.

chapter 4 그리스 친구네 집으로

음악회에서 만난 조르바 댄스

니코스가 일하는 탐탐 비치에서 라이브 재즈 공연이 열렸다. 야자수가 그려진 홍대 팜palm이라는 재즈클럽에서 가끔 라이브 재즈를 듣곤 했는데, 이번에는 파도소리가 들려오는 진짜 팜 트리 아래에서 연주가 시작된 것이다. 휴양객들도 많았지만 레스토랑 스텝의 가족들을 포함한 지인들이 모두 한 자리에 모였다. 마리는 스텝뿐 아니라 그들의 가족들과도 정답게 인사를 나눴다. 섬마을 사람들은 마치 한 가족처럼 지내고 있었다. 이곳에 있으면서 나도 어느새 니코스와 마리의 친구들을 하나씩 알아가고 있다.

4년 전 짧은 출장길에 받은 그리스의 첫 인상도 이웃에 대한 관심과 배려가 몸에 배어있는 '공동체 중심 사회'라는 것이었다. 기원전 9세기에 자유로운 시민공동체인 폴리스를 구성하고, 기원전 5세기 이미 민주주의를 꽃 피웠던 저력의 실체를 엿본 것 같았다. 박경

철의 〈문명의 배꼽, 그리스〉에는 버스터미널 앞 식당마저 음식 맛이 좋은 이유를 마을공동체에서 찾는 대목이 나오는데, 나의 이런 생각 역시 소소한 데서 비롯됐다. 당시 우리를 안내했던 가이드 윤희 선생님의 모습에서였다. 그분은 통역, 현지 기관 관계자, 버스 기사와 식당 종업원에 이르기까지 함께 일하는 사람들에 대한 배려가 남달랐다. 한국 교포인 그분의 개인 성품에 기인한 것일 수도 있지만, 분명 그분이 속한 사회를 상당 부분 반영하고 있다고 생각했다. 그것은 몇 차례의 유럽 출장길, 어느 나라에서도 보지 못한 강한 유대관계였다. 이후 '공동체 중심 사회'라는 키워드는 그리스 관련 책이나 자료를 접할 때마다 계속해서 내 머릿속을 따라다녔다.

터키를 여행하면서 이스탄불, 카파도키아, 파묵칼레, 에페스 등지에서 터키보다 그리스 역사와 종교의 흔적을 더 많이 보아왔던 터

라 터키를 여행하는 내내 나는 그리스를 더 가깝게 느끼곤 했다. 그러던 중 페티예 근교에 있는 텅 빈 유령의 마을, 카야쾨이에 갔을 때 내가 늘 관심을 가졌던 그리스 공동체 중심 사회의 한 단면을 발견할 수 있었다. 앞에서도 잠깐 소개했지만 이 그리스 마을은 그리스-터키 전쟁의 결과로 1923년 스위스 로잔에서 체결된 '그리스-터키 인구 교환에 관한 협정'에 따라 그리스 정교도를 강제 이주시키면서 텅 빈 유령의 도시가 된 곳이다.

그리스 고대 극장처럼 산자락을 따라 형성된 이 마을을 걷는 동안 어느 자리에서든 산비탈 위로 하늘을 올려다볼 수 있었고, 맞은편 탁 트인 공간 너머 산자락을 내다볼 수 있었다. 그제야 그 어떤 건물도 조망권을 독점하지 않았다는 것을 알게 됐다. 내가 돋보이기 위해 이웃의 시야를 가릴 정도로 크거나 높게 지어진 건물은 그곳에 없었다. 나를 넘어 이웃을 배려하고 전체를 고려하는 '공동체 중심 사회'의 구체적인 형태를 확인한 것만 같아 반갑고 설레기까지 했다.

코스 섬에 머물며 이런 순간을 몇 번 더 경험했다. 하루는 니코스가 저녁에 일찍 조퇴를 했다. 우리를 데리고 코스 광장에서 열릴 음악회에 참석하기 위해서였다. 음악회는 밤 9시부터 시작되었고, 무대 뒤로 세팅된 간이 의자에는 주민들로 가득 찼다. 우리는 레스토랑 야외 테이블에 앉아 맥주를 마시며 연주를 들었는데, 뒤에서 보니 좌석을 채운 주민들의 상당수가 머리 희끗희끗한 노인들이었다.

무대에서 들려오는 선율이 왠지 익숙했다. 니코스는 이 음악의 장르가 그리스의 블루스라고도 불리는 '레베티카Rebetika'라고 했다. 아테네 피레우스Piraeus 항구에서 시작된 이 음악은 하층민들의 가난과 사랑을 노래한다. 1922년 터키와의 전쟁 이후 삶의 터전을 잃고 강제 이주된 사람들이 항구 주위에 몰려들었고, 이들의 설움과 애환을 담은 레베티카는 식당과 선술집 사이에서 퍼져 나가기 시작했다. 이후 1950년대, 전성기를 맞아 그리스의 대표적인 대중음악으로 자리 잡았다고 한다.

나는 이 음악이 귀에 익었던 이유를 금방 깨달았다. 마리 차에는 항상 이맘 발디Imam Baildi라는 그리스 밴드의 음악이 흘러나왔는데, 이 젊은 감각의 음악은 레베티카에 힙합과 룸바 같은 리듬을 더해 현대적인 감각으로 재해석한 것이었다. 이맘 발디는 2005년 첫 앨범 발매 이후 유럽을 강타하고 지금도 그리스, 터키, 독일, 북유럽 등지에서 공연을 이어가고 있는 인기 그룹이다.

한참 흥이 무르익자 니코스가 자리에서 일어나 두 팔을 벌리고 춤을 추기 시작했다. 영화 〈그리스인 조르바〉에 나오는 조르바 댄스였다. 광장에 모인 주민들은 함께 박수로 박자를 맞추고, 관광객들은 연신 사진을 찍어대며 한층 분위기를 돋웠다.

아빠와 딸이 버전을 달리 한 그리스 대중음악을 듣는 모습, 세대를 넘어 각자의 방식대로 그리스의 문화를 이어가는 그들의 모습이 신선함으로 다가왔다. 이런 모습이 역사의 부침 속에서도 그리스 문화가 죽지 않고 살아남은 비결일 것이다. 오래된 전통 양식과 이웃을 소중히 여기는 그리스 사람들. 지금은 경제위기를 겪고 있지만 저력 있는 그리스 민족이 다시 일어서서 건강한 공동체를 회복시켜 나가리라는 나의 바람과 믿음의 근거 역시 그리스가 '공동체 중심 사회'라는 사실에 있다.

고대 유적과 '보물'을 품은 산간 마을

터키 올림포스 해변에서 만났던 터키 친구 메르트는 여행 관련 일을 오랫동안 해 왔기 때문에 나라 별로 여행자 스타일을 알 수 있다고 말했다. 메르트는 한국 여행자들을 가리켜 특별한 것 없이 해변에서만 시간을 즐기는 소위 '바캉스 형'이라기보다는 유적지나 명소를 찾아다니며 역사와 문화를 공부하는 '학습 형'에 더 가깝다고 했다. 어느 정도 수긍이 갔다.

마리와 함께 다니다 보니 하루의 대부분을 '바캉스 형'으로 보내고 있었다. 바다와 햇빛, 그리고 바람을 온몸으로 맞는 것 이외에는 아무것도 하지 않았다. 며칠을 이렇게 보냈더니 학구열 넘치는 '학습 형' 유전자가 기승을 부렸다. "마리, 해변은 충분히 즐겼으니 우리 유적지나 섬 안쪽으로 좀 둘러볼까?"라는 말을 시작으로 섬의 안쪽, 산간 마을로의 여행이 시작됐다.

보통 그리스 여행은 고대 유적이 많은 내륙과 지중해 휴양지인 섬으로 구분하지만, 그리스 섬 어느 곳에 가더라도 고대 도시의 흔적을 만나볼 수 있다. 코스는 섬 안쪽으로 높게 솟은 디케오^{Dikeo} 산을 따라 올리브와 포도 등을 재배하는 산간 마을이 흩어져 있다. 이 산줄기를 따라 올라가다 보면 섬 전체를 한눈에 담을 수 있고, 고대 유적과 비잔틴 제국 시절의 오래된 마을 풍경을 마주할 수 있어 해변과는 또 다른 여행의 즐거움을 얻을 수 있다.

코스는 의학의 아버지라고 불리는 히포크라테스^{Hippocrates}가 기원전 460년경에 태어난 곳으로 고대 그리스 의학의 중심지로 알려진 곳이다. 지금도 항구 가까이에 히포크라테스가 제자들을 가르쳤다는 히포크라테스 나무가 서 있다.

윤리 의학을 담은 히포크라테스 선서는 '아폴론과 아스클레피오스와 휘게이아와 판아케아를 비롯한 뭇 신들 이름으로 맹세하노니'로 시작된다. 여기에 등장하는 아스클레피오스Asklepius는 아폴론의 아들로 의술과 치료의 신이다. 아스클레피오스는 아폴론과 인간 크로니스의 아들로 의술이 뛰어나 죽은 자를 살리기까지 해 제우스의 번개를 맞아 죽게 된다. 신의 영역을 침해했다는 이유에서이다. 그러나 아폴론의 간청으로 뱀자리별로 소생했으며, 이후 의술의 신으로 숭배받게 됐다. 여기서 뱀은 허물을 벗고 재생하는 특징과 약초를 찾는 능력을 가진 동물로 고대부터 치유와 의료를 상징해 왔다.

아스클레피오스를 섬기는 신전 아스클레피온Asklepion을 찾았다. 사이프러스 나무가 빼곡한 숲 속에 3층 구조로 자리 잡고 있는 아스클레피온은 고대 종합의료시설 역할을 했다. 이러한 아스클레피온은 지중해 전역에 약 300여 개가 분포되어 있는데, 코스의 아스클레피온은 그중에서도 가장 크고 유명한 신전 중 하나로 꼽힌다.

신전은 의술을 연마한 사제에 의해 운영됐으며, 환자는 치료를 받기 위해 먼저 사원에서 하룻밤을 보내야 했다고 한다. 이후 그날 밤 꾼 꿈을 얘기하고, 이 꿈 해석을 바탕으로 치료가 이뤄졌다고 전해진다. 동시에 목욕, 식이요법, 운동요법 등 다양한 치료법이 행해졌다는 사실이 흥미롭다.

chapter 4 그리스 친구네 집으로

우리는 아래층에서부터 목욕탕, 우물, 화장실 터를 둘러보고 위층으로 올라갔는데, 이오니아와 고린도 양식의 기둥만 남은 2층 신전 주변에서 명상하는 사람들을 만났다. 그중 한 커플에게 다가가 관심을 보이자 그들은 아테네에서 왔으며 명상과 요가로 수련 중이라고 자신들을 소개했다. 커플은 고대 유적지에서 명상을 하면 집중이 잘 되고 정신이 맑아진다고 말했다. 비단 '치유의 신전' 아스클레피온의 기운 때문이 아니더라도 분명 당대 최고의 명당에 신전을 세웠을 테고, 고대부터 많은 사람들의 기도와 염원이 깃든 자리라는 것을 감안하니 꽤 일리 있다는 생각이 들었다.

그들과 인사를 하고 뒤돌아서자 함께 있던 마리가 웃으며 말했다. "요즘 유럽은 온통 요가와 명상 붐이야. 우리 엄마도 독일에서 요가를 하는데 매일 에너지 타령이야." 시니컬한 듯, 경쾌한 마리의 반응은 금세 그들의 말에 혹해 있던 내 시각에 균형을 잡아줬다. 그래도 고대 유적지를 바라보는 하나의 관점을 얻은 날이었다. 이날 이후로 나는 고대 유적지에 가면 가만히 앉아 명상을 시도했다.

아스클레피온을 나온 뒤 디케오 산줄기를 따라 형성된 아스펜디우Asfendiou 일대를 찾았다. 아스펜디우는 지아, 하이후테스, 라구디 등을 아우르는 코스의 초기 정착촌으로 1850~1940년대에 번성했으나 지금은 인적이 드문 산간 마을이다. 이중에서 지아Zia라는 마을은 석양이 아름답기로 유명하다. 우리는 섬의 전경이 한눈에 내다

보이는 식당에 앉아 수제 버거와 레모네이드를 먹고, 이곳에서 2킬로미터 정도 떨어져 있는 하이후테스Haihoutes로 이동했다.

하이후테스는 주민이 한 명도 없는 폐허였다. 관광업이 발달하면서 모두 해변가로 옮겨 갔기 때문이다. 최근에서야 한 개인이 이 마을의 역사와 문화를 보전하기 위해 작은 박물관을 열고, 오래된 건물 외관을 그대로 유지한 채 리모델링을 해 카페를 운영하기 시작했다. 염소가 뛰어다니는 폐허, 그 사이의 올리브 나무 아래 앉아 마시는 커피 맛은 일품이다. 보물 같은 카페를 찾아내는 데 일가견이 있다고 자타가 공인하는 나인데, 지금까지 다녀본 카페 중 가장 운치 있고 기억에 남는 장소를 하나 꼽으라면 나는 이곳 하이후테스를 꼽을 것이다.

다음날 피리Pyli라는 산간 마을에서 또 다른 '보물'을 발견했다. 지금은 폐허가 된 비잔틴 제국 시대의 오래된 마을을 지나 산 중턱에 자리 잡은 한 카페에서 커피를 마시고 있는데, 한 청년이 우리 뒤에서 환호하는 소리가 들렸다. 그는 커다란 나무 앞에 서서 움푹 패인 홈을 메우고 있던 돌멩이를 들쳐낸 뒤 그 안에 감춰져 있던 유리병을 꺼내들었다. 청년은 유리병 뚜껑을 열고 그 안에 있는 노란 노트에 방명록을 적은 뒤 플라스틱 장난감 하나를 넣고는 다시 유리병을 봉해 나무속에 감추었다. 마리는 지오캐싱Geocaching이라는 놀이라고 설명해줬다. 지오캐싱은 GPS를 이용해 특정 좌표에 숨겨놓은 보

물을 찾는 게임으로, 세계 200개가 넘는 나라에서 500만 명 이상이 즐기고 있다고 한다.

청년은 산을 오르고 있는데 갑자기 GPS 신호가 울려 뜻밖의 보물을 발견하게 됐다고 아이처럼 기뻐했다. 우리도 나무속에 손을 뻗어 유리병 안에 작은 엽서를 남겼다. 잠시 동심으로 돌아간 것처럼 즐거웠다. 그러나 무엇보다 감동적인 것은 우리가 서 있는 자리에서 산 아래로 마을을 지나 바다까지 내려다보이고, 맞은편 산 정상의 요새가 동화 마을처럼 마주 보인다는 사실에 있었다. 이런 벅찬 풍경을 만났다는 것 자체가 내게는 보물이었다.

토론의 달인, 그리스 친구들!

니코스 형제들의 자녀들 모임에 가야 하는 마리는 울상이 되었다.
"정 가기 싫으면 가지 마."
"그럼 니코스가 나를 잡아먹으려 할 걸. 〈나의 그리스식 웨딩〉 영화 봤지? 그리스 아빠들은 정말 못 말린다니까."

미국 땅에서 여전히 그리스 방식으로 살아가는 〈나의 그리스식 웨딩〉 영화 속 그리스 아빠처럼 내 친구 니코스도 딸에게 가족공동체를 만들어주고 싶은 모양이다. 마리 말이라면 뭐든지 다 들어줄 것 같은 '딸바보' 아빠인데도 가족 모임에 있어서만큼은 한 치 물러섬이 없다.

마리는 교통편을 문의하기 위해 반겔리스가 운영하는 여행사에 들렀다. 발겔리스는 이번 겨울 니코스와 함께 바이크 여행을 계획하고 있는 니코스의 오랜 친구이다. 그는 마리를 보자마자 물었다.

"공부는 잘 돼가?"

"재밌어요. 이제 곧 언어도 배울 예정이에요."

반겔리스는 마리의 전공이 '중동과 아프리카 문화연구'란 것을 여전히 기억하고 있었다.

"대학에서는 기초만 닦는 거야. 진짜 공부는 여행을 가서 현장에서 네 눈으로 직접 보고 배우는 거야. 언어는 100개의 표현만 사전에 익혀놓으면 의사소통에 전혀 문제될 게 없어."

마리는 가족 모임을 가기 위해 코스에서 아테네까지 밤새 배를 타고 이동한 뒤 아테네에서 파트라스를 지나 6시간 이상을 움직여야 한다. 아테네까지 배편 대신 항공편을 알아보기 위해 반겔리스의 도움을 구하기로 했다. 성수기인데다 날짜가 임박해서 저렴한 항공권을 알아보는 게 만만치 않았기 때문이다.

"일 년에 한두 번 볼까 말까한 먼 친척들을 만나러 왕복 30시간 넘게 이동해야 하는 건 너무해요."
"마리, 여행을 한다고 생각해. 누가 우리에게 돈을 다 대줄 테니 하와이 리조트에서 이 주 동안 지내라고 한다면 나와 니코스는 '노 땡큐, 가솔린 플리즈!'라고 말할 거야. 이동하는 그 과정을 즐겨 봐."

반겔리스의 언변은 거침이 없다. 니코스 친구들은 모두 토론의 달인이다. 밥을 먹을 때나 커피 한 잔을 할 때, 술 한 잔을 마실 때도 언제나 열띤 토론을 벌인다. 종교, 정치, 사회, 주제도 다양하다. 나는 니코스 친구들 모임에 몇 차례 동석한 적이 있는데, 오십이 다 된 장년들이 밤에 모여 앉아 우조를 앞에 두고 나누는 대화는 이런 식이다.

"나는 아나키스트야. 모든 문제는 제도화된 권력에서 시작돼."
"인간에게는 룰이 필요해. 그렇지 않으면 사회는 혼란 그 자체가 될 거야."
"아니, 우리는 서로 도와가며 자발적으로 질서를 유지할 수 있어."
"그건 꿈같은 이야기일 뿐이야."
"설사 현실에서 불가능하더라도 나는 계속 꿈을 꿀 거야."

마치 혈기 왕성한 이십 대 청년들 같다.

아침에 식탁에 둘러앉아 포도 한 알을 입에 넣으면서도 니코스는 "예전의 포도 맛이 아니라니까. 곧 채소나 과일의 고유한 맛이 사라지고 다 똑같은 물 맛만 날 거야."라고 운을 뗀 뒤 식품안전성에 대한 우려를 표한다. 그러면 마리가 니코스의 말을 이어받아 독일에서 직접 참여하고 있는 텃밭 가꾸기와 도시농업 이야기를 나누며 친환경 먹거리, 유기농, 로컬 푸드의 중요성에 대해 이야기를 한다.

이런 대화를 주고받은 며칠 뒤 피리 마을의 한 정교회에서 얻어먹은 과일에 대한 마리와 나의 감상은 남다를 수밖에 없었다. 인적 드문 외진 마을을 찾아온 우리를 반기셨던 사제 할아버지는 포도, 수박, 무화과 등이 담긴 과일 접시를 내미셨다. 포도알은 작았지만 향과 맛이 좋았다. "음, 이 포도 정말 달다. 마트에서 파는 포도와는 맛이 달라."라며 우리는 정교회 뒷마당에서 났을 법한 진짜 과일 맛을 음미하며 감탄하기 시작했다.

코스에서 어떻게 지내고 있는지 묻는 반겔리스에게 산간 마을 여행과 정교회에서 먹은 과일 이야기를 꺼냈더니 "그게 바로 진짜 여행이야. 많은 사람들이 기업과 자본이 만들어놓은 광고나 프로그램을 따라 남들이 했던 여행을 그대로 따라하기만 해. 하지만 내

발로 낯선 장소를 찾아내고, 마을 사람들을 만나고, 그들이 먹는 음식을 함께 나눠 먹는 것이야 말로 진짜 여행이라고 생각해."라고 말했다.

니코스와 마리, 그리고 그들의 친구들과 나누는 대화가 즐거웠다. 쉰 살 니코스, 스무 살 마리 그리고 그 중간 나이인 내가 서로의 나이를 의식하지 않고 모두와 친구로 지낼 수 있었던 이유도 그들과 함께 있으면 언제나 대화가 끊이지 않았기 때문이다.

마리가 가족 모임을 위해 새벽 비행기를 타고 떠나는 날, 나도 산토리니로 떠나기로 했다. 니코스의 집에서 시내로 가는 대중교통이 없어 걱정하는 니코스와 마리에게 아무 걱정하지 말라 일러두고 여유롭게 짐을 꾸렸다. 니코스도 출근하고 마리도 새벽같이 떠난 빈 집에 혼자 남아 그동안 침실로 사용했던 소파를 원위치시켜 놓고 집안을 정돈했다. 터키 귤셴네 집을 방문했을 때와 마찬가지로 한국에서 아무런 기념품을 준비해 오지 못한 나는 니코스와 마리에게 전해줄 선물을 찾기 위해 나의 작은 배낭 속 물건들을 살펴보았다. 마리에게는 터키 올림포스에서 히피에게 샀던 목걸이와 팔찌를, 니코스에게는 사용 중이던 한국 전통 문양의 장지갑을 선물로 골랐다. 각각의 선물을 식탁 위에 올려놓고 감사의 편지를 남긴 채 집을 나섰다.

집 앞에서 히치하이크에 성공했다. 여행온 네덜란드 가족 차를 얻어 타고 선착장에 가서 짐을 맡긴 뒤 코스 시내를 한 바퀴 돌았다. 그동안 마리와 함께 했던 길을 혼자 걸으며 나만의 작별의식을 가졌다.

이곳을 떠나면 마리 차를 타고 섬 구석구석을 다니다 해가 질 무렵 니코스 집으로 돌아가던 그 드라이브 길과 우리가 함께 나눴던 대화가 가장 그리울 것이다. 언제나 자신의 집은 열려 있다고 말해주던 니코스, 그리고 여름마다 어김없이 이곳에서 기다리고 있겠다는 마리, 두 친구 덕분에 이제 그리스의 코스섬은 내 마음에 또 하나의 고향으로 남게 됐다.

또 만나요, 나의 그리스 패밀리!

Chapter 5
오! 산토리니

두 시간쯤 지나자 해가 유순히 두 눈으로 들어오며 하늘과 바다를 물들이는
'매직쇼'가 펼쳐졌다. 하얀 집들은 석양을 따라 노란빛과 붉은빛으로 물들었다.
해가 바다 아래로 얼굴을 감추는 순간, 무리가 일제히 박수를 보냈다.

저문 해를 품은 고요한 바다를 바라보며
나의 오늘 하루도 누군가의 행복을 방해하지 않는
작은 소품이자 풍경이었기를 바래본다.

그 순간을 즐겨야 여행이 즐겁다.
아니 어쩌면 그 처음을 다시 경험하기 위해
계속 움직이고 있는 것일지도 모르겠다.

가난한 배낭여행자여도 괜찮겠니?

여행을 하다보면 특별히 나를 반기고 있다는 느낌을 주는 그런 장소를 만나곤 한다. 최상의 무언가를 대할 때면 일찌감치 그것은 내 차지가 아닐 것이라고 마음을 접어두는 편이다. 그렇다 보니 그 유명세를 익히 보고 들어온 나로서는 산토리니가 이처럼 포근하게 감싸줄 거라고는 미처 생각하지 못했다. 오죽하면 한국 여행자들이 스쳐 지나가는 코스 섬을 메인 일정으로 잡고, 마침 가까운 곳에 있으니 들렀다 가볼까 하는 마음으로 산토리니행 배에 올랐을까. 그러나 여신처럼 온화하고 넉넉했던 산토리니는 럭셔리 신혼여행자나 가난한 배낭여행자를 차별하지 않고 똑같은 햇살과 바람으로 맞아줬다.

오후 8시가 넘어 코스 섬을 출발한 배는 새벽 1시가 되어 도착했다. 현지 교통편조차 확인하지 못한 상태였지만 잇따른 행운으로 첫날밤을 순탄하게 보낼 수 있었다. 사실 산토리니에 도착하기 전 숙소를 구하기까지 우여곡절이 있었다. 산토리니에 도착하기 며칠 전부터 호스텔 예약 사이트를 뒤졌지만 번번이 실패했다. 사이트는 내가 방문하는 시점에 산토리니 섬 94%의 숙소가 이미 예약된 상태라는 안내 문구를 보여줬다. 남은 6%는 내 예산범위를 초과하는 가족단위의 숙소뿐이었다. 몇 차례 시도 끝에 두 개의 숙소를 1박, 2박 단위로 예약하게 됐다. 6인실 도미토리가 30유로를 넘었다. 비수기에 비해 두 배 높은 가격이다.

배낭을 짊어지고 배에서 내리자 하나둘 호텔에서 픽업 나온 차량으로 흩어지고 있었다. 마음이 조급해지려던 차에 당일이 아니라 이튿날 예약한 숙소의 피켓이 멀리서 보였다.
"아저씨! 저도 태워다 주실 수 있을까요?"

나는 다음날 예약한 메일을 들이밀었다. 기사 아저씨는 아무 문제 없다며 흔쾌히 내 가방을 받아들고 차로 안내했다. 영국에서 온 여행자와 함께 차에 올랐다. 차는 여러 차례 급커브를 돌아 벼랑 위에 오른 뒤 한참을 달렸다.

머릿속으로 빠르게 이동 동선에 대한 시뮬레이션을 돌려본다. 나는 배가 고플 때, 등 뒤에 짐을 지고 있을 때, 화장실이 급할 때 머리가 하얘지곤 한다. 이때는 아무리 좋은 경치도 눈에 들어오지 않고 어떤 풍경 소리도 귀에 들어오지 않는다. 그래서 가급적 이런 상황을 사전에 최소화시킨다. 식당은 배가 살살 고파지려고 할 때 미리 봐두고, 화장실은 숙소나 식당을 나설 때 빼먹지 않고 들리며, 짐을 들고 이동할 때는 동선을 미리 살펴 걷는 시간을 최대한 줄인다. 무거운 것은 원래부터 강박에 가까울 정도로 꺼려왔는데, 이제 지병이 되어버린 엉덩이 통증 때문에 이 강박의 정도가 몇 배쯤은 더해졌다.

나는 곧 이튿날 머물 숙소에 도착할 것이다. 그러곤 한밤중에 배낭을 메고 첫날밤을 보낼 숙소를 찾아 나서야 한다. 첫 번째 숙소에서 몇 시간 눈을 부친 뒤에는 다시 왔던 길을 되돌아와 두 번째 숙소에 짐을 풀 것이다. 시뮬레이션을 다 돌려보기도 전에 결론이 나왔다. 배낭을 맡기자! 배낭만 맡기고 나면 모든 것이 수월해질 것이다. 피라 마을에 위치한 숙소에 도착해 자초지종을 설명하고 배낭을 맡아줄 수 있는지 물었다.

"아침에 있을 스텝에게 잘 전달해 놓을 테니 걱정하지 마. 산토리니까지 오느라고 피곤할 텐데 오늘 밤 잘 쉬고 우리는 내일 만나자고!"

분주한 성수기에 손님들의 개인 사정을 일일이 들어주는 일이 성가실 법도 한데 그의 얼굴엔 조금의 찡그림도 없었다. 나는 수건과 세면도구만 챙겨 당일 예약한 숙소를 찾아 나섰다. 갈림 길에서 늦은 시간까지 문을 연 타투 숍 아가씨에게 방향을 물었다. 그녀는 몇 개의 이정표까지 알려주며 상냥하게 길을 안내해주었다. 15분 정도 오르막길을 걷고 골목길을 지나야 했지만 배낭이 없었기 때문에 밤 산책 나온 마음처럼 발걸음이 가벼웠다. 한밤중인데도 거리는 활기가 넘쳤다. 그 흥겨움이 밤거리를 든든하게 지켜주고 있었다.

도착한 숙소에서는 밤 10시가 넘었기 때문에 운영 방침에 따라 셀프 체크인을 해야 했다. 메일로 안내받았던 지시에 따라 주방 안 서랍을 열고 내 이름이 적힌 종이 위에 올려진 컵에서 열쇠를 찾아 방으로 들어왔다. 오래된 그리스식 전통가옥을 개조한 복층 구조의 제법 운치 있는 도미토리였다. 곧이어 두 명의 룸메이트가 늦게 들어와서 미안하다며 조용히 속삭인다. 간단히 씻고 하얀 벽면과 둥근 천장을 마주하고 누워 보송보송한 하얀 이불을 덮었다. 몸을 뉘일 한 뼘의 공간이 있다는 사실만으로 위안이 되었다.

chapter 5 오! 산토리니

여행에 있어서 '낯선 도시에 어떻게 도착하느냐.' 하는 것은 매우 중요한 일이다. 오랜 시간 탈것에 실려 몸은 녹초가 되어 있고, 등 뒤에는 삶의 무게만큼의 짐이 들려 있고, 막 도착한 공간에서 설렘과 긴장을 동시에 안고 방향을 살펴 숙소를 찾아가야 한다. 배정받은 방에 도착해 가방을 내려놓기 전까지는 정신을 놓을 수 없다. 아무것도 아닌 것 같은 그 시간은 번거롭고 귀찮다고 해서 건너뛸 수도 없는 여행의 중요한 일부이자 구체적인 단면이다. 아무리 오래된 베테랑 여행자도 그 순간이 오면 어쩔 수 없이 어리숙한 '처음'으로 돌아간다. 그 순간을 즐겨야 여행이 즐겁다. 아니 어쩌면 그 처음을 다시 경험하기 위해 계속 움직이고 있는 것일지도 모르겠다.

'콧대 높은 아가씨' 같은 마을일지 모른다는 괜한 우려는 눈 녹듯 사라졌다. 배에서 내려 침대 위에 눕기까지, 그 짧은 시간 동안 이어졌던 행운과 친절을 떠올리자 어둠 속에서 웃음이 나왔다. '산토리니가 나를 반겨주고 있구나!' 하는 안도감이 나를 감쌌다.

"주인공은 바로 당신이에요"

아침에 눈을 떠 간단히 세수를 하고 아침식사가 차려진 마당으로 나왔다. 올리브와 토마토, 오이 등의 채소에 치즈와 꿀을 곁들인 빵으로 간단한 아침식사를 마치고, 어젯밤 얼굴도 보지 못했던 스텝과 만나자마자 작별 인사를 나눈다. 나는 다시 배낭 없이 가벼운 몸으로 두 번째 숙소로 향했다. 마치 밤늦게 친구네 집에 놀러갔다 하룻밤 자고 아침밥까지 얻어먹고 집으로 돌아오던 유년의 기억과 같다. 내가 여장을 푼 피라Fira 마을은 산토리니에서 가장 크고 번화한 마을이다. 피라 마을은 숙소를 오가며 계속 볼 수 있으니 시내버스를 타고 바로 이아Oia 마을로 향하기로 했다.

세상에서 일몰이 가장 아름답기로 소문난 이아 마을은 지중해 사진 속 하얀 집과 파란 바다의 주요 배경이 되는 마을이다. 점심때가 되어 마을에 도착했다. 서두를 일 없는 나는 해가 질 때까지 천천히 둘러보기로 했다.

 골목을 따라 들어갔더니 거의 수직에 가까운 벼랑 아래로 파란 에게 해가 빗질이라도 한 듯이 잔잔하게 펼쳐져 있었다. 나는 이미 그림 같은 풍경 속으로 들어와 있었다. 사진으로 봐왔던 하얀 집, 파란 대문, 교회 종탑, 둥근 지붕, 좁은 골목, 키 높이가 다른 계단 하나하나가 그대로 자리를 지키고 서서 예술 조각 같은 아우라를 풍기고 있었다. 산토리니가 왜 이렇게 많은 사람들에게 사랑받아왔는지 확인하는 순간이었다. 같은 문양의 기념품도 디테일과 디스플레이에서 차이를 보였다. 남다른 것은 섬뿐만이 아니었다. 하얀색과 파란색 드레스를 갖춰 입고 카메라 앞에 멋진 포즈를 취하는 여행자들의 표정도 한껏 상기되어 있었다.

미로 같은 좁은 골목길을 거닐다가 전망 좋은 레스토랑에 자리를 잡았다. 탁 트인 벽면을 통해 바다가 한눈에 내려다보이는 레스토랑이었다. 나는 그릭 샐러드와 맥주 한 병을 주문했다. 파란 바다, 갈색의 절벽, 하얀 마을의 조화가 시리도록 선명했다. 이아 마을이야말로 '뷰view'를 독점하지 않는 마을공동체라는 그리스 마을의 공식이 빛을 발하고 있었다.

오밀조밀 붙어있는 집들은 '앞집의 지붕이 윗집의 정원'이 되는 식으로 서로 연결되어 있다. 아랫집 풀장에 누워있는 손님의 다리도 보이고, 체크아웃 하는 손님 가방을 어깨에 들쳐 메고 좁은 계단 길을 오르는 청년의 팔뚝 근육의 움직임마저 생생하게 느껴진다. 마당과 골목을 나누며 함께 기대 살던 마을 사람들의 이야기가 지금은 세계 각지에서 모여든 여행자들의 행복에 겨운 탄성으로 대체되었지만 서로가 서로의 풍경이 되어 주는 이아 마을의 본질은 크게 바뀌지 않은 듯하다.

식당 주인은 주문한 그릭 샐러드와 맥주 한 병을 테이블 위에 올려놓고, 빵 바구니를 그 옆에 내려놓았다. '최고의 서비스란 바로 이런 것이다.'라고 보여주기로 작정이라도 한 듯이 산뜻한 표정과 경쾌한 몸짓이었다. 지나가는 사람들이 모두 앉아보고 싶어할 정도로 경치 좋은 레스토랑임에도 커피나 맥주 한 병을 앞에 두고 장시간 앉아 있는 손님들을 향해 불편한 기색도 없이 다가와 사진을 찍어주며 정감 있는 눈인사를 건넨다. '지금 이 순간의 주인공은 바로 당신이에요.'라고 말하고 있는 것처럼.

비수기가 되면 문을 닫고 여행이나 일을 찾아 떠나야 하는 섬사람들의 사정을 전해들은 나는, 어쩌면 이들의 환대 속에는 이 외딴섬을 잊지 않고 찾아와준 여행객들에 대한 고마움이 깃들어 있는 것은 아닐까 하는 생각이 들었다.

느린 걸음으로 걸었지만 태양은 여전히 살갗이 타들어가는 것처럼 강렬했다. 햇빛을 피할 겸 또 다른 전망 좋은 카페에 들어가 열을 식히며 커피 한 잔을 마셨다. 산토리니의 집들을 모두 하얗게 칠한 이유 중 하나도 강한 태양 빛을 반사시키고 건물 안으로 들어오는 습기를 막기 위해서라고 한다. 해가 지려면 아직 멀었는데 사람들은 벌써부터 일몰 장소로 유명한 굴라스 성채로 모여들기 시작했다. 생애 가장 아름다운 일몰을 맞이하기 위해 곱게 화장을 하고, 멋진 옷을 차려 입고, 가장 좋은 길목에 앉아 저마다의 준비 의식을 치르고 있었다. 모두 최상의 선물을 받을 준비가 된 사람들의 얼굴 모양을 하고 있었다. 기분 좋은 웃음소리 사이로 나도 자리를 잡았다.

두 시간쯤 지나자 해가 유순히 두 눈으로 들어오며 하늘과 바다를 물들이는 '매직쇼'가 펼쳐졌다. 하얀 집들은 석양을 따라 노란빛과 붉은빛으로 물들었다. 해가 바다 아래로 얼굴을 감추는 순간, 무리가 일제히 박수를 보냈다.

 '행복한 하루'라는 단막극이 막을 내리는 순간이다. 너른 마당 같은 바다를 배경 삼아 하얗게 단장한 무대가 꾸며지고, 그 위에 예쁜 소품들이 세팅되었다. 배우들은 잰걸음으로 움직인다. 저마다 맡은 배역에 따라 그리스 현지인들은 최고의 서비스를 베풀고, 관광객은 한껏 행복한 표정을 짓는다. 기꺼이 배경이 되어준 풍경과 사람들 덕에 산토리니라는 무대 위의 주인공이 될 수 있었다. 저문 해를 품은 고요한 바다를 바라보며 나의 오늘 하루도 누군가의 행복을 방해하지 않는 작은 소품이자 풍경이었기를 바래본다.

chapter 5 오! 산토리니

바람이 내게 속삭였어!

하룻밤 사이에 두 개의 호스텔을 옮겨다니고, 세상에서 가장 아름답다는 일몰까지 보고 났더니 뒤늦게 피로가 몰려왔는지 늦잠을 자버렸다. '안 돼! 산토리니에서 늦잠이라니!' 겨우 늦잠 하나로 자책과 조급함이 고개를 내밀었다. 좋은 것을 대하는 내 마음은 항상 이런 식이다. 느긋했던 여행자의 우월감은 어디로 사라진 걸까.

이상하게 들릴지 모르겠지만 나는 비가 오거나 생리가 시작되는 날이면 살짝 흥분이 된다. 아프고 우울했던 몸과 마음이 이유를 찾은 안도감 때문이다. 그러니까 이렇게 뽀송뽀송하고 예쁘기만 한 곳에서 이런 찌뿌둥함은 어울리지 않는다.

동굴 같은 방을 나와 피라 마을을 한 바퀴 돌았다. 쏟아지는 햇살과 바람 사이에는 사람의 기분을 상기시켜주는 묘한 기운이 있다. 바람이 내게 '자, 이제 똑같은 하루가 시작될 거야. 통증과 불안과 우울을 늘 달고 사는 너인 건 알고 있지만, 오늘 하루 나와 함께 산토리니에서 잊지 못할 추억을 만들어보는 건 어때?'라고 속삭이는 것 같다. 나는 바람의 소리에 귀를 기울이기로 했다. 보트 투어를 하기로 마음먹은 것이다. 그것도 선상에서 선셋까지! 그간 카파도키아에서 열기구도 거부하고, 페티예에서 패러글라이딩도 마다하던 가난한 여정을 떠올려볼 때 여간 호사가 아니다.

피라 마을에 있는 올드 포트로 향했다. 벼랑 아래로 지그재그 모양을 한 588개의 계단을 내려가야 한다. 올드 포트를 오르내리는 방법은 세 가지다. 케이블카를 타거나 산토리니의 명물인 당나귀 택시를 이용하거나 걷는 것이 그것이다. 나는 기술의 힘이나 동물에 의지하기보다는 내 두 다리로 걷고 싶었다. 오래된 돌이 반질반

질 닳아 있어 여기저기 미끄러지는 아찔한 소리가 들려온다. 맞은편으로는 관광객을 태우고 올라오는 당나귀 택시가 지나간다. 당나귀와 바닥에 널브러진 당나귀 똥을 피해가며 미끄러지지 않으려 조심하며 걸었더니 정신이 하나도 없다. 내리막길이 이 정도이니 오르막길은 자신이 없다. 이제야 왜 케이블카나 당나귀 택시가 생겨났는지 이해된다.

항구에 이르자 보트 투어를 떠나기 위한 관광용 범선들이 나란히 대기하고 있다. 내가 탄 배는 신혼부부 여행자나 유럽 가족들이 전세 놓는 호화로운 배는 아니었다. 그렇다 해도 배 위에 혼자 오른 사람은 나뿐이었다. 다른 사람들은 모두 가족, 친구, 연인들과 함께였다. 배는 서서히 항구에서 멀어지기 시작했다. 배 위에서 바라보는 풍경은 내가 머물던 장소를 더 애틋하게 만든다.

배는 제일 먼저 화산섬 네아 카메니^{Nea Kameni}에 우리를 내려놓았다. 한 시간 가량 트레킹을 했다. 화산의 생성 과정이 설명된 리플릿 안에는 화산섬의 독특한 지형을 존중하고 보전해 달라는 안내 문구가 빨갛게 강조되어 있었다. 그늘 한 점 없는 뙤약볕 아래 검은 돌무더기 사이를 걸었다. 그 길의 끝이자 정상에 해당하는 지점에 멈춰 서자 거친 바람이 주변의 소리를 삼키고 바다 한가운데 혼자 놓인 기분이 들었다. 바람은 거세게 불어왔지만 햇살이 쏟아지는 바다는 은빛으로 고요히 반짝이고 있었다. 사람의 손길이 거의 닿지 않은 자연 속에 앉아있자니 동화처럼 귀엽고 아기자기한 산토리니 마을이 주는 감동과는 또 다른 종류의 감동이 밀려왔다. 사라진 대륙 아틀란티스가 이곳이었다고 해도 놀랍지 않을 것이다. 나는 산토리니 화산섬에 대한 리플릿을 펼치고 자세히 들여다보았다.

"지금은 산토리니가 여러 개의 섬으로 분리되어 보이지만 네가 앉은 이 자리를 중심으로 산토리니는 원래 커다란 하나의 섬이었어. 오래전, 그러니까 3600년 전 이곳에서 거대한 불기둥이 치솟았어. 땅이 갈라지고, 불길이 솟구쳐 오르고, 검은 연기가 하늘을 뒤덮었지. 화산이 폭발한 거야. 당시 산토리니 문명의 흔적은 모두 이 바다와 땅 아래 묻혀버렸어. 아득히 먼 이웃 섬과 땅에 살던 사람들도 생존의 벼랑 끝에 내몰리기는 마찬가지였어. 화산재가 땅과 대기를 뒤덮었고, 오랫동안 해가 뜨지 않았지. 당시 에게 해를 장악하고 곡물이 차고 넘쳤던 크레타의 미노아 문명이 서서히 소멸하게 된 것도 바로 이 화산의 영향이야."

화산의 역사는 마치 바람이 들려주는 이야기 같았다. 자연은 무자비할 정도로 힘이 세다. 엄청난 비밀을 품고 있는 눈앞의 에게 해는 무심할 정도로 잔잔하다. 자연 앞에, 그리고 시간 앞에 선 나란 존재는 너무나 작다. 내 안에 출렁이던 불안과 우울과 고통도 조용히 숨을 죽였다. 거대한 자연 앞에 압도되었다. 무섭고, 경이롭고, 아름답다. 지구 저편 인간의 삶 한복판을 덮쳐버린 재앙의 현장에서도 천 년쯤 시간이 지난 뒤에는 후세의 누군가가 앉아 고요하고 아름답다 말하고 있을까.

주변을 돌아보니 나만 남았다. 익숙한 얼굴의 일행들은 모두 돌아가고 있었다. 나도 서둘러 자리에서 일어났다. 피라 마을에서 우리를 실어온 배는 떠났고, 우리는 화산섬에 정박해 있던 다른 배로 갈아탔다. 배의 이름은 바다의 신 '포세이돈'이었다.

화산섬에서 급히 돌아오느라 바람에게 채 듣지 못한 이야기가 있다. 산토리니 섬의 자녀들은 공포에 사로잡혀 혼비백산하지 않고 다시 돌아올 날을 준비하며 질서 있게 이 땅을 떠났다고 한다. 8미터 화산재 아래 묻혀 있던 아크로티리 유적 속에서 그들이 떠나기 전 집을 쓸고 닦은 정돈된 집과 돌아올 길을 대비해 곡식을 가득 채워놓은 질항아리가 그대로 발견되었다. 그들에게 땅의 변화를 알려준 것도 오늘 내게 이야기를 들려준 바람이었을까. 그들을 실은 배는 안전한 땅에 그들을 내려놓았을까. 바람만이 알고 있겠지?

화산섬에서 돌아온 일행을 실은 포세이돈은 팔리아 카메니^{Palea Kameni} 섬, 해수온천으로 향했다. 뙤약볕에 바람을 맞으며 화산섬을 한 시간 가량 걸은 뒤라 빨리 물속으로 뛰어들고 싶었다. 팔리아 카메니에 가까이 이르자 배는 바다 위에 멈춰 섰고, 온천까지 30미터 가량 수영으로 이동해야 했다. 온천에 가까워질수록 물과 바닥의

토사가 짙은 황갈색으로 변했다. 자연의 선물, 그리스에서 만난 두 번째 온천이다. 이곳의 재미는 배에서 온천까지 헤엄쳐가며 수온의 변화를 느낄 수 있고, 돌아오는 길에는 몸에 묻은 진흙을 차가운 해수에 씻어낼 수 있다는 데 있다.

배는 흩어진 섬과 마을을 지나 해가 질 무렵 이아 마을 쪽으로 향했다. 와인 한 잔을 나누며 선상에서 바라보는 선셋은 보트 투어의 백미다. 올드 포트에 돌아오자 이미 어둠이 내리고 인적이 끊겨 있었다. 마지막에 내렸더니 케이블카 운행 여부와 그 방향도 알 수 없고, 걸어서 올라갈 엄두는 더욱 나지 않는다. 산토리니만의 교통수단인 당나귀의 노고에 의지할 수밖에 없었다. '나를 천리 낭떠러지 길에 내동댕이치지만 말아줘.' 당나귀 등 위에 낮게 몸을 붙여본다. 믿고 의지해야만 한다는 것을 금세 깨닫는다. '너만 믿어.' 고쳐 말한다. 당나귀는 지그재그 가파른 계단 길을 올라 나를 피라 마을로 데려다주었다. 고맙고 미안한 마음에 조심스레 얼굴을 쓰다듬으며 인사를 나눴다.

산토리니 바람과 함께 한 하루가 또 다시 저물었다.

chapter 5 오! 산토리니

Chapter 6
그리스 더 깊숙이

바다. 가을의 따사로움. 빛에 씻긴 섬, 영원한 나신裸身 그리스 위에 투명한
너울처럼 내리는 상쾌한 비, 나는 생각했다. 죽기 전에 에게 해를 여행할 행운을
누리는 사람에게 복이 있다고.
니코스 카잔차키스, 〈그리스인 조르바〉 中

"너는 너무나 잘하고 있어. 자기가 정말 원하는 일에 자신을 던질 줄 아는 사람은 그렇게 많지 않아. 그러니까 이곳 걱정은 전혀 하지 마. 여행자에게는 잘 노는 게 일인 거야. 다녀와서 더 많은 이야기들을 들려주기 위해 지금 네가 집중해야할 것은 너만의 시간, 너만의 여행이야."

첫날부터 노숙하게 된 사연

크레타에 도착하자마자 무언가에 홀린 듯 정신없이 섬을 헤집고 다녔다. 이 섬을 고향으로 둔 니코스 카잔차키스는 소설 〈그리스인 조르바〉에서 크레타를 '잘 다듬어진 산문' 같다고 표현하였고, 무라카미 하루키는 〈먼 북소리〉에서 '초라한 이류 관광지' 분위기라고 말했다. 나에게 이 섬은 거칠지만 빠져나오기 힘든 마력의 땅이었다. 마치 자신감 넘치는 유명 배우의 맨 얼굴을 대면하고 있는 것 같았다.

코스, 산토리니, 크레타는 모두 에게 해 위에 흩어져 있는 섬이다. 크레타 숙소를 알아보던 중 문득, 내가 그리스 본토에서도 한참 떨어진 섬에 있다는 사실을 자각했다. 고립이라는 섬의 의미가 낭만이라는 이미지보다 더 크게 다가왔다. 숙소를 알아보다 말고 항공권을 끊어버렸다. 원래 계획대로라면 그리스에서 포르투갈, 스페

인, 모로코를 향해 움직였어야 하는데, 내가 끊은 비행기 표는 폴란드행이었다. 잠시 계획에 없던 곳으로 방향을 튼 것이다. 어쩌면 내심 이런 일을 바라왔는지도 모르겠다. 궤도 이탈은 여행의 본성이니까. 어쨌든 이제 그리스에서 남은 시간은 크레타에서의 며칠이 전부다. 이 비행기 표를 끊지 않았다면 이곳에서 여행을 마감했을지도 모르겠다는 생각이 들 만큼 크레타는 매력적이었다.

항공권을 끊고 난 뒤 1박에 10유로인 숙소를 발견했다. 저렴한 비용에 평가도 완전 최상위권이었다. 더 생각해볼 것도 없이 바로 예약을 했다. 그런데 위치가 함정이었을 줄이야. 가이드북도 없이 다니던 타라 새로운 곳에 도착하면 숙소에 짐을 내려놓고 정처 없이 걷는 것으로 여행을 시작하곤 했다. 그러나 크레타에 도착하기 전까지 실감할 수 없었다. 크레타 섬이 이렇게 큰 섬일 줄은. 제주도 크기의 4.5배. 이라클리오 Iraklio, 레팀노 Rethymnon, 하니아 Chania 이 중 한 도시에서만 머문다면 모를까, 크레타는 대책 없이 걸어서 여행해도 좋을 정도의 사이즈가 아니었다. 그러나 나의 동선은 이미 이라클리오 항구에 도착해 플라키아스에 있는 숙소에서 머물고, 며칠 뒤 하니아 공항을 통해 이 섬을 빠져나가는 것으로 예정되어 있었다.

예약해둔 숙소가 있었음에도 첫날밤부터 돌바닥 위 노숙 신세를 져야만 했다. 지도만 제대로 들여다봤어도 충분히 예견하고도 남을 일이었다. 크레타에 도착해 숙소에 여장을 풀기까지 꼬박 하루가 걸린 사연인즉슨 이렇다.

산토리니의 마지막 날 아침 일찍 길을 나서 고대 도시 유적지인 아크로티리와 그 인근의 검붉은 절벽 아래 놓인 레드 비치에서 해수욕까지 마치고 오후 5시쯤 크레타로 가는 배에 올랐다. 두 시간쯤 지났을까. 산토리니를 떠난 배는 해질 무렵 크레타 섬의 이라클리오 항구에 도착했다. 배에서 내려 버스터미널을 찾아 버스를 기다리는데 한참, 또 버스를 타고 한참, 그렇게 밤 10시가 넘어 레팀노에 도착했다. '레팀노에서 숙소로 들어가는 막차를 놓치면 안 되는데…' 내내 발을 동동 구르면서 말이다. 그러나 괜한 걱정이었다. 숙소로 가는 버스는 배가 이라클리오 항구에 도착하기도 전, 저녁 6시경에 이미 끊겨 있었다. 내가 예약한 숙소는 크레타 섬 중앙 남단에 있는 플라키아스라는 작은 마을로 성수기에도 버스가 하루에 네 대밖에 운행하지 않는 산골짝에 위치해 있었다.

호스텔 안내 문구를 자세히 살펴보니 '혹시라도 막차를 놓치면 레팀노 호스텔에서 일박할 것을 권한다.'는 안내 문구가 있었다. 터미널에 있는 짐 보관소에 배낭을 맡기고 또 다시 세면도구만 챙겨 숙소를 찾아 나섰다. 그러나 레팀노 호스텔도 이미 꽉 찬 상태였다. 호스텔 스텝은 다른 숙소를 알아볼 수 있도록 휴게실에서 인터넷을 사용할 수 있게 해줬다. 나와 같은 사정으로 보이는 몇몇이 휴게실에서 열심히 숙소를 조회하고 있었다. 그들의 표정을 보아하건데 마땅한 숙소를 구하기는 어려워 보였다.

"침대 말고 어디 거실 같은 데서 하룻밤 잘 수 없을까?"
"침낭이 있으면 마당에서 자도 돼."
"침낭은 없는데, 그럼 이불 좀 줄 수 있겠니?"

그렇게, 공짜도 아닌 만원에 가까운 돈을 내고 호스텔 마당에 몇 년은 묵어 보이는 이불을 깔고 첫날밤을 보냈다. 처음엔 나뿐이었는데 숙소 구하기에 실패한 사람들이 하나 둘 모여들어 어느새 내 주위로 다섯 명이나 이불을 깔고 누웠다.

지붕 밖에서 잠을 자면 해시계에 맞춰 아침에 눈을 뜰 수 있다. 동이 틀 무렵 울어대는 새소리와 함께 잠에서 깨어났다. 해가 정

수리에 따라붙기 전 여유 있게 동네 구경에 나서기로 했다. 현지인들이 모여드는 베이커리에 들어가 갓 구운 빵과 커피 한잔으로 아침식사를 하고 구시가지를 둘러보았다. 베네치아 건물 양식이 도처에 남아 있어 도시 자체가 예쁘고 운치 있었다.

숙소가 있는 플라키아스로 들어가려다 말고 지도를 살폈다. 한 번 들어가면 다시 나오는 길 역시 쉽지 않을 것이란 생각에서였다. 레팀노에서 플라키아스로 가는 막차 시간을 확인한 후 어젯밤 도착했던 이라클리오로 되돌아가는 버스에 올랐다. 반드시 들러야 할 곳이 이라클리오에 있었기 때문이다. 바로 크노소스 궁과 니코스 카잔차키스 무덤.

크노소스 궁은 유럽 문명의 기원이라 할 수 있는 크레타 문명의 고대 왕궁이다. 기원전 3650년에 시작된 미노아 문명은 아테네를 속국으로 둘 정도로 융성했으나 고대 산토리니의 화산활동으로 쇠락의 길을 걷다 역사 속으로 사라지게 되었다. 크레타의 대표적인 유적지 크노소스 궁은 기원전 1700년경에 건축되어 기원전 1400년대까지 사용되었으며, 1,300여 개의 방이 복잡하게 서로 연결되어 있는 미궁迷宮이라는 특징을 갖는다. 자신의 뿌리를 확인하기 위해 몰려든 유럽인들 사이에서 크노소스 궁에 얽힌 그리스 신화를 떠올리며 유적지 사이를 천천히 걸었다.

chapter 6 그리스 더 깊숙이

가장 먼저 떠오른 것은 소의 머리와 인간의 몸을 한 괴물 미노타우르스. 아테네의 왕자 테세우스가 미노타우르스를 죽이고 크레타 공주 아리아드네가 건넨 실타래를 따라 미궁에서 빠져나왔다는 그리스 신화 속 무대가 되는 곳이다. 나는 왠지 테세우스의 영웅담보다 괴물 미노타우르스의 탄생 배경에 더 관심이 갔다. 크레타의 왕비 파시파에는 바다의 신 포세이돈이 보낸 하얀 수소에 욕정을 품고 괴로워하다 장인에게 주문 제작한 암소 모형 속에 들어가 소를 유혹해 부적절한 관계를 맺는 데 성공한다. 그러나 안타깝게도 미노타우르스가 세상에 태어나던 날, 그녀의 은밀했던 외도는 만천하에 드러나고 만다. 사실 파시파에가 수소에 눈이 멀게 된 것은 신을 속인 크레타 왕 미노스의 잘못을 벌하기 위한 포세이돈의 저주였던 것이다. 여자의 비밀은 출산을 통해 드러나기 마련이라는 성적 억압은 너무 가혹하다. 나는 포세이돈의 징벌이 번지수를 잘못 찾아갔다는 생각을 지울 수가 없다.

시내버스를 타고 이번에는 니코스 카잔차키스의 무덤을 찾아 나섰다. 인적 없는 언덕 위 나무십자가 아래 '나는 아무것도 바라지 않는다. 나는 아무것도 두려워하지 않는다. 나는 자유다.'라고 새겨진 묘비명을 대조해 보고서야 그의 무덤임을 확인할 수 있었다.

벅찬 마음을 진정시키기도 전에 터미널로 향해야 했다. 서둘러 움직여 겨우 레팀노에서 플라키아스로 가는 마지막 버스에 오를 수 있었다. 차장 밖으로 끊임없이 이어지는 해안선과 협곡을 바라볼 틈도 없이 졸음이 쏟아졌다. 몇 차례 유리창에 머리를 부딪혀가며 졸다 깨기를 반복했다. 버스는 한참을 달려 해변에 이르러서야 목적지에 다다랐다. 크레타에 도착한 이래 버스에서 보낸 시간만 거의 6시간이다.

예약했던 호스텔 마당에 들어서자 해먹에 누워있는 여행자들이 제일 먼저 눈에 들어온다. 이제야 여행자의 집에 도착이다. 침대 맡에 짐을 내려놓자 한 중년의 여자가 인사를 건넨다. 알고 보니 어젯밤 레팀노 호스텔 마당에서 함께 노숙했던 여행자였다. 우리는 말하지 않아도 숙소를 찾아오기까지의 길이 얼마나 멀고 힘들었을지 알 법하다는 듯이 서로의 얼굴을 바라보고 한참 동안 소리내어 웃었다.

가이드북은 없었지만 '사람이라면 약간의 광기가 필요해요. 그렇지 않으면 감히 자신을 묶은 로프를 잘라내어 자유로워질 엄두를 내지 못해요.'라고 말하는 〈그리스인 조르바〉를 가이드 삼아 머물렀던 크레타. 한번 이 땅에 발을 들여놓는 사람들은 미궁에서 살아 돌아온 아테네의 영웅 테세우스처럼 실타래를 하나씩 준비해 두거나 정신을 바짝 차리는 것이 좋을 것이다. 한번 들어가면 쉽게 빠져나올 수 없을 테니!

누드 비치에서 만난 인어공주

크레타에 오고 싶었던 이유는 히피들의 흔적을 좇고 싶었기 때문이다. 여행을 떠나기 전부터 크레타 남부 해변 마탈라에 가면 히피들이 오랫동안 살았다는 전설의 동굴이 있다는 이야기를 들어왔던 터였다. 1960~1970년대, 미국과 유럽에서는 반전운동과 68혁명으로 히피 문화와 모든 권위에 저항하는 반문화가 꽃을 피우고 있었다. 당시 획일화된 기성 사회로 진입하기를 거부하던 많은 청년들이 길 위에 올랐다. 히피들은 자유의 땅을 찾아 길 위에서 함께 모여 노래하며 춤췄고, 사랑과 평화를 외쳤다. 마탈라는 잘 알려진 유럽의 암스테르담, 이비자, 고메라와 같이 히피들을 품어주던 장소 중 하나였다.

나는 히피처럼 살고 싶었다. 정장에 구두를 신은 출퇴근 길 위에서도 이어폰을 꽂고 자연주의자들의 라이프스타일을 다루는 팟 캐스트를 들었고, 주말이 되면 어김없이 길게 늘어지는 꽃치마를 입고 돌아다녔다. 누드농장 기사를 다뤘던 〈와일더Wilder〉 같은 뉴욕 잡지도 꼼꼼히 찾아 읽었다. 나의 단골 검색어는 'Hippie Trail(히피 트레일)', 'Counter Culture(반문화)', 'Naturist(자연주의자)'와 같은 것이었다. 그것은 규격화된 현실과 갑갑한 조직생활에 대한 반작용이자 새로운 문화에 대한 호기심 같은 것이었다.

히피 문화에 처음 관심이 싹튼 것은 인도 여행에서였다. 모든 배낭여행의 형태는 어느 정도 히피 문화에 빚을 지고 있으니까. 5년, 10년 동안 길 위에서 사는 일본 여행자들, 해마다 인도를 찾는 유럽 가족 여행자들, 지붕도 수도도 없는 곳에서 잠을 자면서도 행복해하고, 홈스쿨링으로 아이들을 교육시키고, 채식을 하고 요가를 수련하는 여행자들을 보면서 히피는 여전히 살아있다고 생각했다. 더 성공하려고, 더 가지려고 하지 않고, 자연 속에서 꼭 필요로 하는 최소한의 것만 갖고 살아가는 그들을 보면서 여행 자체가 대안이 될 수 있다는 생각을 처음으로 하게 됐다.

히피들의 성지, 마탈라에서는 2011년 6월 히피 리유니언^{Hippie Reunion} 축제가 크게 열렸다. 1967년부터 1975년까지 이곳 동굴과 해변의 추억을 가진 전 세계 여행자들을 한 자리에 불러모았다. 3일 동안 진행된 축제에 4만 명의 방문객이 모여들었다고 한다. 꿈같은 40년만의 재회였으리라. 오랫동안 와보고 싶었던 곳이었는데, 막상 마탈라 근처에 오고 나니 굳이 그곳을 찾아가고 싶은 마음이 사라졌다. 지방정부까지 나서 기념비적인 장소로 홍보하고 있으니 내심 박제된 히피의 흔적만 보고 실망하지는 않을까 하는 마음에서였다. 뿐만 아니라 여장을 푼 플라키아스에서 충분히 자연이 주는 기쁨과 자유를 느낄 수 있었기 때문이다.

호스텔에는 젊은 여행자도 많았지만 레팀노에서 함께 노숙했던 아주머니처럼 나이가 많은 여행자도 많았다. 이곳에 모여든 사람들은 더 깊숙이 자신만의 천국을 찾아 길을 나선 이들 같았다. 번잡한 인파와 돈이 쫓아오지 않는 곳으로!

하루는 호스텔 뒤편으로 난 길을 따라 산간 마을, 미르티오스^{Myrthios}에 올랐다. 폐허가 된 오래된 교회와 풍차를 지나 언덕 위에

서니 산 아래 마을을 지나 바다가 한눈에 펼쳐졌다. 당나귀만 지날 수 있을 법한 좁은 가시덤불 길을 지나 간신히 마을에 도착했다. 한낮의 태양이 정수리를 바짝 따라붙더니 정신이 혼미해졌다. 샘터를 발견해 세수를 하고 벤치 위에 벌러덩 누웠다. 돌아갈 길이 벌써부터 걱정되었다.

그때, 차 한 대가 서더니 내려가는 길에 원하는 곳까지 태워주겠다고 했다. 가족여행자로 보여 안심하고 차에 올랐다. 이탈리아 북부에서 온 엔리코와 그의 아내 마리아, 그리고 성인이 된 그의 아들 다니엘이 함께 여행 중이었다. 엔리코 가족은 십 년도 넘게 여름마다 크레타를 찾는단다. 엔리코는 음악 스튜디오를 운영하며 다니엘과 드럼 아카데미를 하고 있고, 다니엘은 세션으로 활동하고 있다고 했다. 젊어서 인도와 태국 등 아시아 여행을 했다는 엔리코는 요가와 불교 같은 동양 철학에 관심이 많다며 내게 친근감을 표시했다. 그러더니 크레타에서 자신들이 가장 좋아하는 비치에 가는 길이라며 같이 가지 않겠냐고 물었다. 더위에 지친 나 역시 해수욕이 필요했고, 그리스에 있는 내내 수영복을 속옷처럼 입고 다녔으니 망설일 이유 없이 그들을 따라나섰다.

도착한 곳은 담노니^{damnoni} 비치를 지나 바위 언덕 아래 아담하게 자리잡은 아무다키^{Ammoudaki} 비치였다. 엔리코는 비치에 들어서자마자 마치 동네 단골 펍에 도착하기라도 한 것처럼 나를 여기저기 소

chapter 6 그리스 더 깊숙이

개시켰다. 포르투갈에서 온 노부부과 프랑스 산간 마을에서 겨울 스포츠 매장을 운영하고 있다는 그들의 딸을 시작으로 독일 여행자 몇몇과 인사를 나눴다. 그런데 여기서 잠깐! 그들은 모두 알몸이었다. 조금도 긴장하거나 부끄러워하지 않고 다가와 환한 웃음으로 악수를 청하고 나를 반기고 있었다. 이곳은 누드 비치였던 것이다.

매일 팟 캐스트로 듣던 자연주의자들의 여름휴가 모습이 눈앞에 펼쳐졌다. 유럽에서는 자연 그대로의 모습을 추구하는 자연주의자가 수백만 명에 이른다. 이들은 사회적 위계가 아닌, 있는 모습 그대로 자신과 타인을 존중하고 자연의 일부가 되는 경험을 통해 진정한 자유와 쉼을 얻는다고 한다. 미국에서는 흔히 자연주의자와 나체주의자를 같은 용어로 사용하지만 유럽은 이를 구분한다. 옷을 벗었다는 데 방점을 찍기보다는 옷으로부터 자유로운 상태에서 요가, 친환경 먹거리, 공동체 지향과 같은 자연친화적이고 웰빙을 지향하는 총체적인 라이프스타일을 추구한다. 그래서 나체주의자Nudist라고 말하기보다는 자연주의자Naturist라고 스스로를 칭한다.

이곳은 누드 비치라기보다 엄밀히 말해 옷은 선택적으로 입거나 벗을 수 있는 클로딩 옵셔널 비치Clothing Optional Beach다. 재밌는 것은 60대 정도로 보이는 노인들은 남녀 가리지 않고 모두 옷을 벗은 상태였고, 20~30대 청년들은 대부분 수영복을 걸치고 있었다. 유럽은 1960년대 황금기를 겪고 68혁명과 히피 영향을 받아 다양한 문화를 경험한 부모세대들이 때로는 자녀세대보다 더 개방적이고 자유로운 성향을 보여준다고 한다. 유럽 사람들과 어울릴 때마다 그들의 자유로운 정신과 문화적 다양성이 부러웠다. 무엇보다 EU 국가 안에서 여행, 공부, 일자리, 거주를 위해 얼마든지 자유롭게 이동이 가능하다는 사실이 가장 부러웠다. 내가 속한 사회가 갖지 못한 문화적 자산과 다양한 기회에만 주목하다 보니 어느새 주눅 든 나 자신을 발견하기도 했다. 그런데 여행을 하다 보면 유달리 내게 관심을 보이며 먼저 다가오는 친구들이 있다. 그들에게는 하나의 공통점이 있었다. 엔리코처럼 아시아 문화를 좋아하고, 인도 여행을 해봤으며, 요가와 대체 의학을 신뢰하고, 동양 철학에 관심이 있는 사람들이었다. 그들은 선망 어린 눈빛으로 내가 속한 사회를 궁금해하며, 나와 조금이라도 더 교감하고 싶어했다. 그들은 종종 이런 말들을 건네오곤 했다.

"너희 한국 사람들은 왜 그렇게 날씬해? 분명 치즈나 요구르트 같은 유제품을 먹지 않아서 그런 걸 거야."

"한국 사람들은 쌀을 먹어서 머릿결이 그렇게 좋은 거야?"

"나도 서울 같은 도시에서 살아보고 싶어. 한국에는 김기덕, 박찬욱, 이창동, 홍상수 같은 훌륭한 감독들이 많잖아. 나는 그들이 만든 영화를 너무 좋아해!"

"너네는 영적이잖아. 붓다나 달라이라마 같은 영적 지도자들도 있고."

물론 영화 이야기에는 전적으로 공감하고 내 어깨가 다 으쓱해졌지만, 그들이 동양에 갖는 환상은 대부분 허구에 가까웠다. 어쩌면 내가 유럽 사회에 갖고 있는 동경도 이와 크게 다르지 않을 것이다. 그럼에도 그 친구들 덕분에 내가 한국인임을, 동양인임을 스스로 긍정하는 연습을 할 수 있었다. 여행이 깊어질수록 어떤 아름다운 장소도 내가 만들어놓은 환상을 따라가지는 못한다는 생각이 들곤 한다. 그만큼 낯선 땅을 향해 키워낸 환상은 거대하고 힘이 센 모습으로 오랫동안 나를 지배해왔다. 그러나 이제는 조금 알 것 같다. 세상 어느 곳에도 양지와 그늘은 공존하고, 누구의 삶에도 행운만 잇따르지는 않는다는 것을. 늘 여기가 아닌 저기에서 더 빛나는 삶을 꿈꿔왔던 내게, 여행은 그렇게 조금씩 나 자신을, 내가 살아가는 현실을 긍정하고 소중하게 여기는 법을 가르쳐주고 있다.

해가 저물어가면서 물의 온도도 떨어지고 파도도 거세졌다. 해변에 있던 사람들은 옷을 챙겨 입고 하나둘 떠나기 시작했고, 엔리코 가족과 그의 포르투갈 가족 친구들만 남아 이야기꽃을 피워갔다. 비치 타월도 깔지 않고 맨몸으로 모래 위에 누워있던 포르투갈 할머니는 옷을 입고 돌아가는 것이 아쉬웠는지 어둠이 내리기 직전 다시 물속으로 뛰어들었다. 깊은 곳까지 헤엄쳐가더니, 잠시 멈추고 잠영을 위해 고개를 먼저 아래로 하여 입수를 한다. 물속으로 온몸이 잠기기 직전 물구나무선 두 다리가 마지막 노을 속에서 날렵하게 움직이며 반짝였다.

나는 살아있는 인어공주라도 만난 것처럼 감탄하는 마음으로 할머니의 우아한 몸놀림을 오랫동안 바라보았다.

후식으로 나오는 술 한 병!

　플라키아스 앞바다와 마주한 야외 타베르나에 앉아 생선튀김과 구운 문어를 주문했다. 올리브를 베어 물자 입안 한가득 특유의 풀냄새와 함께 과즙이 터져 나왔다. 이 새콤하고 짭조름한 맛에 길들여지고 나면 접시 위로 길쭉한 올리브 씨가 수북이 쌓이는 건 시간문제다. 그리스의 모든 음식에는 올리브가 빠지지 않았다. 우리나라 김치처럼 식탁 위에 항상 놓여 있는 식초에 절인 올리브는 물론이고, 무치고, 볶고, 튀기는 모든 조리법에는 올리브오일이 들어간다.

　4년 전 아테네와 그 주변으로 다녀온 짧은 출장길이 생각났다. 언덕 위의 아크로폴리스는 충분히 감동적이었지만 콘크리트 사각 건물로 가득한 아테네는 솔직히 예쁜 도시는 아니었다. 벌거벗은 듯한 민낯의 아테네 풍경을 보고 속으로 적잖이 실망하기도 했다. 무엇보다 그리스 땅은 바위투성이로, 숲이 우거지기 어려운 민둥산에 가까웠다. 그런 거친 돌무더기 사이에서도 뿌리를 내리고 은빛 잎을 반짝이며 열매가 맺히니 올리브가 왜 그렇게 그리스 내에서 귀한 대접을 받고 있는지 알 것도 같았다.

신화에 따르면 아테네는 지혜의 여신 아테네가 바다의 신 포세이돈과 내기를 벌여 얻은 땅이라고 한다. 누가 더 인간에게 유익한 선물을 주느냐 하는 내기에서 포세이돈은 샘물을, 아테네는 올리브 나무를 선물했다. 일설에 의하면 포세이돈의 선물은 말이라는 이야기도 있다. 그것이 샘물이 아니라 말이었다 해도 아테네 여신의 올리브 나무를 이기지 못했을 것이란 확신이 들 만큼 그리스인의 올리브 사랑은 유별하다.

당시 유럽의 농업 활성화 정책에 대한 연수였던 터라 이탈리아에

chapter 6 그리스 더 깊숙이

서 올리브 농장을 운영하는 농가민박에서 지내고, 그리스에서는 와이너리를 방문해 와인 테이스팅을 하면서 나는 새로운 미식 세계에 눈을 떴다. 돌아오는 여행 가방에는 올리브오일과 다양한 종류의 치즈가 한가득이었다. 이때부터 출장이나 여행을 다녀올 때면 나는 그 나라 특유의 식재료를 챙기기 시작했다. 색다른 음식을 놓고 친구들과 한 상 파티를 벌이는 것이 당시 고단했던 일상의 유일한 낙이었다.

크레타에서 음식을 맛보는 순간, '이것이 바로 그리웠던 지중해의 맛이구나!'하고 감탄하지 않을 수 없었다. 태양을 듬뿍 받고 자란 올리브, 들판에 낮게 핀 야생 꽃들과 함께 자란 허브, 바다에서 막 건져 올렸을 법한 해산물 등 크레타 식단에는 그리스의 태양과 바다와 대지가 그대로 담겨져 있다.

그리스 마지막 여행지 크레타에서 굳이 음식 이야기를 하는 이유가 있다. 코스에서는 니코스 집에 머물면서 매일 요리를 했다. 물론 니코스와 마리를 따라 로컬들이 다니는 타베르나에서 다양한 요리를 맛보았지만, 내 머릿속에는 어떻게 하면 이 친구들에게 아시아 음식을 더 맛있게 해줄 수 있을까 하는 생각이 더 컸다. 산토리니에서도 음식보다는 예쁜 풍경과 장식에 더 마음이 빼앗겼던 것이 사실이다. 크레타에 와서야 그리스 음식에 집중할 수 있게 된 것이다.

크레타는 '신화의 섬', '조르바의 섬'과 같은 다양한 수식어를 달고 있지만, 무엇보다 '자급자족의 섬'이라는 특징이 가장 인상적이다. 그리스의 많은 섬들이 관광업에 기대 생계를 꾸려가는 반면, 크레타는 농업이 발달해 관광업에 의존하지 않고도 자체적으로 자급자족이 가능하다. 그래서인지 크레타 음식에서는 자긍심 같은 것이 느껴진다.

크레타 식단은 이미 전 세계적으로 가장 이상적인 장수식단으로 알려져 있다. 크레타 음식의 건강 비결은 '크레타 지역에서, 제철에 난 재료를, 전통적인 방법으로 요리한다.'는 것에 있다. 즉, 가까이에서 난 재료로 사랑하는 가족과 이웃을 생각하며 계절과 자연을 담은 음식을 만든다. 그릭 샐러드만 해도 토마토와 오이를 듬성듬성 썬 다음 올리브와 페타 치즈를 올리고 올리브오일과 레몬즙 그리고 허브를 올려 먹는 것이 전부다. 양념을 많이 하지 않고 재료의 색깔과 모양, 그리고 본연의 맛을 살리는 것이 중요한 특징이다.

올리브, 채소, 산나물, 허브, 꿀, 보리, 통밀, 콩류를 기본으로 하는 크레타 음식의 뿌리는 삼 천 년 전 미노안 문명으로 거슬러 올라간다. 로마, 비잔틴, 베네치아, 터키 지배로 이어지는 역사의 흥망성쇠 속에서도 크레타 사람들은 그들만의 전통 양식과 함께 음식을 만드는 방법을 고수해 온 것이다. 같은 이유에서 그리스에서는 맥도널드나 스타벅스도 고유 그리스 브랜드 때문에 맥을 못 추고 문을 닫는 추세라고 한다.

식사를 마치고 계산서를 부탁했는데 가져오는 것은 계산서가 아니라 술 한 병과 과일이었다. '치쿠디아'라고도 불리는 '라키'였다. 크레타 사람들은 "이것이 바로 크레타 사람들이 사랑하는 술이야! 집에서 직접 만들기 때문에 맛도 조금씩 다르고, 마트에서도 쉽게 살 수 없는 술이지."라고 말한다. 일어나려던 나는 라키 한 병을 앞에 두고 다시 주저앉는다.

그리스의 대표술은 우조로 알려져 있지만 크레타의 대표 술은 라키이다. 포도 찌꺼기로 만든 증류주라는 점은 같지만, 그리스 우조는 터키의 라크처럼 아니스 씨로 향을 내 독특한 향을 내고 물과 섞으면 우윳빛으로 변하는가 하면 크레타의 라키는 아니스 씨로 향을 입히지 않았다는 차이가 있다.

혼자 라키를 홀짝이고 있으니 니코스가 떠올랐다. 라키는 니코스가 가장 즐겨 마시는 술이기도 하다. 니코스는 내가 만든 음식을 좋아했다. 머릿속으로는 그럴싸해 보이는 메뉴를 떠올렸지만 막상 내놓는 것은 구색도 제대로 못 갖춘 엉성한 음식이었다. 그 와중에 가장 인기가 좋았던 음식은 태국식 볶음국수 '팟타이'를 만들겠다고 시작해 파프리카, 양파, 버섯 등 채소를 볶고, 그 옆에 라이스누들을 삶아 간장 소스만 뿌린 채 내놓은 '누들 샐러드'였다. 그리고 남은 밥과 채소를 이용해 끓인 채소죽이었다. 니코스와 마리는 내가 그리스 음식에 감탄하는 이상으로 아시아 음식은 정말 담백하고 건강한 음식이라며 엄지를 추켜올렸다.

후식으로 나온 술 한 병 때문에 식사 시간은 다시 무한정 늘어났다. 공짜로 마시는 라키라도 혼자 마시니 흥이 나지 않는다. 전문가들은 식단만큼이나 크레타 사람들의 낙관적인 태도, 노동과 휴식의 조화, 이웃과 음식을 나누며 즐기는 문화가 중요한 장수비결이라고 입을 모아 말한다. 나도 가족, 친구들과 어울려 시끌벅적하게 먹던 밥 한 끼가 그리워진다. 그중에서도 엄마가 텃밭에서 난 상추와 채소에 직접 담근 고추장과 참기름을 넣고 쓱싹 비벼주시던 비빔밥 한 그릇 생각이 간절해졌다.

건강하고 행복한 식단의 비밀은 '텃밭'과 '사랑하는 사람들' 같이 가까운 데에 있다. 그러니 앞으로 이역만리 낯선 식재료를 싸들고 다니던 나만의 즐거움은 이제 그만 내놓으려다.

잘 노는 게 여행자의 일이야

다시는 돌아가지 않을 사람처럼 여행 중에는 내가 떠나온 곳을 떠올리지 않는다. 연락도 자주 하지 않는다. 집보다 바로 전에 떠나왔던 도시를, 얼마 전 헤어졌던 여행 친구를 눈물나게 그리워한다. 그것은 아마도 내가 돌아갈 수밖에 없음을 너무나 잘 알고 있기 때문일 것이다. 그래서 낯선 땅에서 잠시 주어진 역할극에 몰입을 하고 있는 걸지도 모른다.

폴란드로 떠나는 비행기를 타기 전날 공항에서 가까운 하니아로 이동했다. 저렴한 호텔방을 구했다. 로비에서 횡단보도만 건너면 해변으로 바로 이어졌다. 도착하자마자 수영을 하고, 해가 질 무렵 단장을 하고 하니아 구시가지로 향했다. 작은 구시가지에는 베네치아와 터키로부터 각각 400여 년 동안 지배를 받았던 흔적이 골목마다 스며 있다. 항구를 중심으로 물의 도시 베네치아가 그대로 옮겨져 있는 느낌이 드는가 하면 중간 중간 모스크와 터키식 목욕탕 하맘이 눈에 띈다. 거리는 유대지구까지 이어진다. 다양한 모양을 한 오래된 것들이 섞여 있는 구시가지 골목길은 걷는 것만으로도 큰 즐거움을 준다. 좁은 골목을 따라 몇 바퀴째 이리저리 돌아다녔더니 허기가 느껴졌다. 골목 사이 담장 아래 세팅된 식당 테이블 위에 앉았다. 마지막 만찬을 위해 우조와 염소젖으로 만든 치즈를 먼저 주문하고, 이어서 오징어 요리를 주문했다. 식당에서 자동으로 연결된 와이파이를 타고 친구의 메시지가 도착했다.

친구는 가끔 내 남자친구를 만나 맥주 한잔을 한다고 했다. 친구들에게 부탁해 놓은 '연남동 독거남 위문 프로젝트'이다. 친구가 남자친구와 나눴던 대화를 전해준다. "혼자 여행 다니다 다른 놈이라도 만나면 어떻게 해요? 걱정 안 돼요?"라고 묻자 "혼자 아프고 힘

들게 다니는 것보다 누구라도 만나서 재밌게 다니면 그게 오히려 다행이죠."라고 말했단다. 그냥 하는 말이 아니라 왠지 그 말속에서 진심이 뚝뚝 묻어나오더란다. 친구가 말했다. "너는 너무나 잘하고 있어. 자기가 정말 원하는 일에 자신을 던질 줄 아는 사람은 그렇게 많지 않아. 그러니까 이곳 걱정은 전혀 하지 마. 여행자에게는 잘 노는 게 일인 거야. 다녀와서 더 많은 이야기들을 들려주기 위해 지금 네가 집중해야 할 것은 너만의 시간, 너만의 여행이야."

항상 나의 여행을 격려해주는 친구의 마음 씀씀이가 그대로 전해졌다. 여행이 무슨 벼슬이라고 이렇게 뜨거운 응원과 격려를 받는 걸까. 내가 없는 자리에서 묵묵히 일상을 지키며 내 여행을 조용히 뒷받침해주고 있는 얼굴들이 떠올랐다.

사실 그리스에 있는 동안 마음 한 쪽에 근심이 생겼다. 엄마 목소리의 작은 떨림마저 알아차리는 나는 엄마에게 문제가 있다는 것을 바로 눈치챘다. 동생에게 전화해 여행 중인 나에게는 절대 알리지 말라고 단단히 일러둔 엄마의 '지령'을 깨고 이실직고를 하게 만들었다.

폐에 작은 멍울이 발견돼 조직 검사 결과를 앞두고 있다는 소식이었다. 가슴이 쿵 하고 내려앉았다. 엄마는 당신이 '이순신'도 아니면서 내가 휴가 중이거나 여행 중일 때는 절대 집안의 안 좋은 일은 내게 알리지 못하도록 엄포를 놓으시곤 했다. 2년 전에도 치앙마이로 열흘 휴가를 가 있는 동안 엄마는 수술을 받으셨다. 휴가를 마치고 공항에 도착하고 나서야 가족들은 엄마의 입원 소식을 전해줬다. 일 년에 겨우 일주일 휴가를 내는 사람의 휴식을 방해할 수 없다는 엄마의 생각 때문이었다. 그해 이직을 하게 되었고, 새로 일을 시작하기 전에 잠시 공백을 가질 수 있었다. 나는 마치 밀린 효도라도 하듯 엄마와 일주일간 제주도 여행을 다녀오고, 이어서 보름 동안 유럽 여행을 다녀왔다. 당시 나의 전 재산을 들고.

산토리니를 여행할 때 엄마 생각이 간절해졌다. 피라 마을의 밤거리를 걷다 흥에 겨운 인파를 피해 잠시 정교회 안으로 들어갔다. 촛불을 켜고 의자에 조용히 앉아 "하나님! 우리 엄마요!"라고 그리운 이름을 불러봤다. 그때 엄마의 모습이 떠올랐다. 파리, 바르셀로나 여행을 하는 동안 성당에만 들어가면 두 손을 모으고 머리를 조아리며 간절하게 기도하던 엄마의 모습이. 나는 그런 엄마의 모습을 조금은 촌스럽고 조금은 귀엽다는 듯이 바라보곤 했다. 그때 엄마는 무엇을 그토록 간절히 기도했을까. 그 답이 너무나 뻔해 그제야 왈칵 눈물이 쏟아졌다. 가장 거다란 존재 앞에서 가장 소중한 이의 안녕을 빌던 그 마음은 지금의 내 마음과 같은 것이겠지.

그날 밤 가족 채팅방에 그리스 정교회 사진과 함께 메시지를 보냈다. '엄마, 괜찮아요. 어떤 일이 있어도 엄마는 혼자가 아니에요. 엄마가 항상 우리 곁에 있었던 것처럼 우리도 항상 엄마와 함께 할 거예요.' 얼마 지나지 않아 가족 채팅방에서 희소식이 날아왔다. '이상 없음!'이라는 엄마의 검사 결과였다. 나는 하니아 정교회에 들어가 촛불 하나를 켜고 감사 기도를 올렸다. 결혼도 하지 않고 아이도 갖지 않겠다는 나를 이제는 '포기'한 엄마가, 하루는 진지하게 말했다.

"그런데 말이야, 그거 하나는 알아둬. 네가 나이 들었을 때 너에게는 이런 존재가 없는 거야. 엄마와 너와의 관계, 우리 같은 사이 말이야."

그러니까, 완전히 독립된 개인이지만 의지하고, 끔찍이도 위해주는, 그런 분신 같은 존재가 없다는 얘기다. 처음으로 흔들렸다. 그 길은 아직 내가 가보지 못한 길이다. 그 길을 두고 후회할지도 모른다. 아니, 어쩌면 더 늦기 전에 나의 선택사항을 바꾸게 될지도 모르지만 무엇보다 중요한 것은 지금 나의 순간순간, 하루하루가 생생히 살아있고 빛이 난다는 사실이다. 알고 있다. 별은 혼자 빛나지 않는다는 걸. 지금 이 여행은 그저 내가 행복하기만을 바라는 친구들, 남자친구, 엄마와 가족이 있기에 가능하다. 게다가 넘치는 사랑으로 환대해준 귤센과 니코스 가족까지 얻게 되었으니! 지금은 내가 가지 않은 길에 미련을 두지 않을 테다. 게다가 가족은 혈연으로

만 맺어지는 것이 아니라는 사실을 너무도 잘 알고 있으니까.

 가야 할 스페인, 모로코, 포르투갈 방향에서 잠시 궤도를 이탈해 동유럽 폴란드로 가는 비행기 위에 몸을 실었다. 가이드북 하나 없이 3킬로그램도 되지 않는 가방을 들고.

 여행자는 먼 앞날을 미리 걱정하지 않는다. 설렘과 기대 속에 새로운 하루를 맞이할 뿐! 내일을 위해 오늘의 행복을 희생시키지 않는다. 나는 지금 여행 속 깊숙이 들어와 있다.

 더 잘 돌아가기 위해. 더 멀리, 더 깊숙이!

산토리니, 주인공은 너야

2015년 10월 19일 초판 1쇄 펴냄

지은이	남상화
디자인	이아란
발행인	김산환
편집인	조동호
책임편집	정보영
영업 마케팅	신경국
펴낸곳	꿈의지도
출력	태산아이
인쇄	다라니
종이	월드페이퍼

주소	경기도 파주시 광인사길 217 서해문집 3층
전화	070-7535-9416
팩스	031-955-1530
홈페이지	www.dreammap.co.kr
출판등록	2009년 10월 12일 제82호

979-11-86581-49-0-13980

지은이와 꿈의지도 허락 없이는 어떠한 형태로도 이 책의 전부, 또는 일부를 이용할 수 없습니다.
※ 잘못된 책은 바꾸어 드립니다.